TRADICIÓN
CON TOQUE
TORRES

Primera edición: noviembre de 2018

© 2018, Corporación RTVE, S. M. E., y Lavinia Audiovisual, S.L.U
© 2018, de los textos y las recetas, Sergio Torres Martínez y Javier Torres Martínez,
con la colaboración de Marta Tañà e Irina Mata
© 2018, Penguin Random House Grupo Editorial, S. A. U.
Travessera de Gràcia, 47-49. 08021 Barcelona
© 2018, de las fotografías, Jordi Play

Diseño y maquetación del interior: Cómo Design

Printed in Spain – Impreso en España

ISBN: 978-84-01-02137-4
Depósito legal: B. 22.923-2018

Compuesto en M. I. Maquetación, S. L.

Impreso en Cachimangrafic
Montmeló (Barcelona)

L021374

Penguin
Random House
Grupo Editorial

*A todos los que nos siguen,
apoyan y cocinan con nosotros*

Javier y Sergio Torres

ÍNDICE

Leyenda de los iconos

Sin gluten   Sin lactosa   Vegetariana   Vegana

INTRODUCCIÓN

Cuando, con solo ocho años, sentamos a nuestros padres para contarles que íbamos a ser cocineros, teníamos muy claro lo que queríamos en la vida. Nuestra abuela Catalina nos había inoculado el «veneno» de la cocina con las visitas al mercado, los sabores y los aromas que inundaban la casa. Todo este bagaje, así como la formación que recibimos de Josep Lladonosa, gran maestro y experto en cocina medieval, ha estado muy presente a lo largo de toda nuestra carrera y aún hoy alimenta nuestras creaciones.

El poder de la cocina también está en la capacidad de evocación del pasado, de los sabores que quedaron fijados en la memoria, a veces casi sin ser conscientes. Al fin y al cabo, esto es la tradición, aquello que pasa de generación en generación como un recuerdo que no es inamovible, sino que está vivo.

De las más de 1.500 recetas que hemos cocinado en *Torres en la cocina*, una buena parte tiene como punto de partida la tradición. Desde los caparrones riojanos hasta el salmorejo cordobés, desde el popularísimo flan hasta el tiramisú italiano, un ejemplo de nuevos clásicos. Todos platos confortables, reconocibles y sin olvidar que el producto es el gran protagonista. ¡Viva el mercado!

Por eso hemos querido recopilar las mejores recetas tradicionales en este tercer volumen de *Torres en la cocina*. Aquí vais a encontrar platos propios de toda la geografía española, desde el Cantábrico hasta Andalucía, recetas que son clásicos universales, platos caseros que todos hemos comido alguna vez y las tapas más populares de los bares españoles. Todos tienen en común que son fáciles, asequibles, apetecibles y sorprendentes.

Mantenemos la base, el ADN de la receta tradicional, pero no entendemos la cocina como pura repetición. La tradición necesita de nuevas incorporaciones, del diálogo con otras gastronomías, de nuevos productos y, por supuesto, de los toques personales. En nuestro caso: el toque Torres, que juega con los conceptos, las bases y los ingredientes para aportar una experiencia diferente.

El toque Torres nos define, es nuestro lema y es lo que aportamos en este recetario. Pero el toque Torres se puede transformar en el toque tú, el que tú le pongas, porque se trata de sumar, divertirse, compartir y, sobre todo, cocinar.

ENTRANTES

RACIONES

2

TIEMPO

10 minutos
de preparación,

15 minutos
de marinado

AJOBLANCO
CON SARDINA MARINADA

El ajoblanco malagueño proviene de la cocina más popular.
Hay tantas versiones como cocineros, pero todas tienen en común
las almendras, el ajo, el pan y el aceite de oliva.

INGREDIENTES 150 g de almendra marcona cruda, 450 ml de agua mineral, 50 g de pan blanco,
50 ml de vino fino de Jerez, 1 diente de ajo, 2 cucharadas de vinagre blanco suave, Jengibre fresco (al gusto),
4 uvas blancas, 4 uvas negras, Brotes de albahaca, Aceite de oliva, Sal y pimienta.
Sardinas marinadas: 3 sardinas, 150 g de sal gruesa, 1 trozo de jengibre, 1 lima.

CON ANTELACIÓN. Ponemos a calentar el agua en un cazo junto con el diente de ajo cortado por la mitad, el vino, un trozo de jengibre y las almendras. Cuando hierva, apagamos el fuego, lo pasamos a un recipiente y lo dejamos enfriar en la nevera.

LA SARDINA MARINADA. Fileteamos las sardinas, retiramos las espinas y desangramos los lomos en un bol con agua y hielo.
Mezclamos la sal gruesa con el jengibre rallado y la ralladura de lima. Ponemos la mitad de esta mezcla como base en una fuente. Encima colocamos los lomos de sardina escurridos y cubrimos con el resto de la sal. Dejamos marinar las sardinas durante 15 minutos.
Una vez marinadas, las limpiamos bajo el grifo para retirar los restos de sal. Distribuimos los lomos de sardina sobre una bandeja metálica y los doramos con un soplete de cocina por la

parte de la piel. Si no tenemos soplete, podemos marcar los lomos ligeramente en la sartén.

EL AJOBLANCO. Ponemos la infusión que hemos reservado en la nevera en el vaso de la batidora e incorporamos el pan blanco y el vinagre. Trituramos mientras añadimos poco a poco aceite de oliva para que emulsione y quede bien ligada. Si es necesario, se puede agregar un poco de agua para que no quede tan espeso.
Colamos el ajoblanco para que quede más fino y homogéneo.

EL EMPLATADO. Pelamos las uvas blancas y negras, las cortamos por la mitad y sacamos las pepitas. Ponemos el ajoblanco de base en un plato hondo, disponemos encima los lomos de sardina marinados y terminamos con las uvas blancas y negras, unas gotas de aceite de oliva y unos brotes de albahaca.

EL TOQUE

El fino de Jerez, elaborado con uva palomino, tiene un aroma que recuerda ligeramente a las almendras. Además, el jengibre aporta un toque sutilmente cítrico y picante al ajoblanco.

GAZPACHO ASADO

El gazpacho andaluz es una sopa prima hermana
del ajoblanco y del salmorejo. No solo es refrescante
y sencilla sino también muy nutritiva.

INGREDIENTES 4 tomates maduros, ½ pimiento rojo, ½ cebolleta, ½ cabeza de ajos, 50 ml de agua,
1 rebanada de pan del día anterior, 1 cucharadita de miel, Comino, Cebollino, Aceite de oliva, Sal y pimienta.
Mejillones en escabeche: 200 g de mejillones de roca, ¼ de brócoli, ½ puerro, ½ zanahoria, 2 dientes de ajo, 4 cucharadas
de vinagre de jerez, 2 hojas de laurel, 1 clavo de olor, Tomillo, pimienta en grano, Piel de limón, Aceite de oliva.

PREVIAMENTE. Para el gazpacho, el primer paso es asar las verduras. Forramos una bandeja con papel de horno y colocamos encima los tomates, el pimiento, la cebolleta y los ajos. Salpimentamos, rociamos las verduras con aceite de oliva y las ponemos en el horno a 180 °C durante 40 minutos.

EL ESCABECHE. Ponemos el aceite en una cazuela con un ajo en camisa, una hoja de laurel, tomillo, clavo de olor y granos de pimienta. Dejamos aromatizando el aceite a fuego mínimo.
Mientras se aromatiza el aceite, ponemos los mejillones limpios en una cazuela con un poco de aceite, una hoja de laurel, unos granos de pimienta y piel de limón. Tapamos la cazuela y esperamos a que se abran y suelten el agua. Retiramos las conchas de los mejillones y reservamos el jugo.
Cortamos la zanahoria en daditos, el puerro al bies y el brócoli en ramilletes. Incorporamos las verduras cortadas al

aceite que tenemos infusionando en el fuego. Añadimos también parte del jugo colado de los mejillones y dejamos cocinar las verduras hasta que estén al dente, unos tres minutos. Incorporamos los mejillones, apagamos el fuego y añadimos el vinagre. Dejamos reposar en la nevera durante media hora.

EL GAZPACHO. Pelamos las verduras asadas y las introducimos en el vaso de la batidora. En el caso de la media cabeza de ajos, presionamos por la base para extraer la pulpa asada. Añadimos los jugos que han soltado las verduras en el horno, el resto del agua de los mejillones, aceite de oliva, el pan, una cucharadita de miel, comino y sal. Trituramos y colamos.

EL EMPLATADO. Ponemos el gazpacho en la base del plato y distribuimos encima el escabeche de verduras y mejillones. Terminamos con unas gotas de aceite de oliva y unas ramitas de cebollino.

EL TOQUE

El sabor de las verduras asadas es más acentuado que el de las frescas, lo que da mayor intensidad al gazpacho. Por otro lado, la miel, que también aporta densidad a la textura de la sopa, ayuda a suavizar y amalgamar los sabores de los diferentes ingredientes.

RACIONES

2

TIEMPO

15 minutos
de preparación,

5 horas
de congelador

GAZPACHO DE CEREZAS

Los primeros gazpachos no llevaban tomate, que se incorporó
a la receta en el siglo XIX. Así como evolucionó en ese momento,
sigue haciéndolo en la actualidad con multitud de frutas y vegetales.

INGREDIENTES 4 tomates maduros, 60 cerezas, 1 diente de ajo, 1 rebanada de pan,
½ pepino, 10 tomates cherry de rama, ½ pimiento rojo, ½ pimiento verde, 1 cebolla tierna,
Unas hojas de cebollino, Unas hojas de albahaca, 100 ml de aceite, Vinagre, Sal y pimienta.
Plato: 1 naranja, Hojas de albahaca, Hojas de menta, 1 l de agua.

EL PLATO. Vamos a «fabricar» un plato para nuestro gazpacho. Para ello ponemos un poco de agua en dos boles grandes. A continuación, distribuimos unas cuantas hojas de menta y albahaca y unas rodajas de naranja y colocamos otros boles más pequeños en el centro. Ponemos cinta adhesiva uniendo los dos boles para centrar el pequeño e inmovilizarlo. Metemos el conjunto en el congelador durante 5 horas.

EL GAZPACHO. Cortamos los tomates en trozos grandes, pelamos y cortamos el pepino y deshuesamos las cerezas. Lo ponemos todo en el vaso de la batidora o en el robot y añadimos el diente de ajo pelado, el pan y un poco de vinagre. Trituramos y vamos añadiendo poco a poco el aceite de oliva para emulsionar. Una vez triturado, rectificamos de sal y pimienta y colamos.

LA GUARNICIÓN. Picamos el pimiento rojo y verde, la cebolla tierna en dados muy pequeños. Picamos también el cebollino y la albahaca. Mezclamos bien todas las verduras y hierbas y las aliñamos con aceite de oliva, sal y pimienta. Escaldamos los tomates cherry, los pelamos y vaciamos con la ayuda de una cucharilla. Una vez vacíos, los rellenamos con el picadillo de verduras.

EL EMPLATADO. Sacamos los platos del congelador y los retiramos de los moldes. Vertemos el gazpacho en el plato helado y colocamos los tomates cherry rellenos encima.

EL TOQUE

Los tomates cherry, no muy pequeños, se pueden
rellenar con algunas hortalizas del gazpacho
y el toque fresco y aromático de la albahaca.
El nombre de esta hierba proviene del árabe y
significa «penetrar en el cerebro con suave olor».

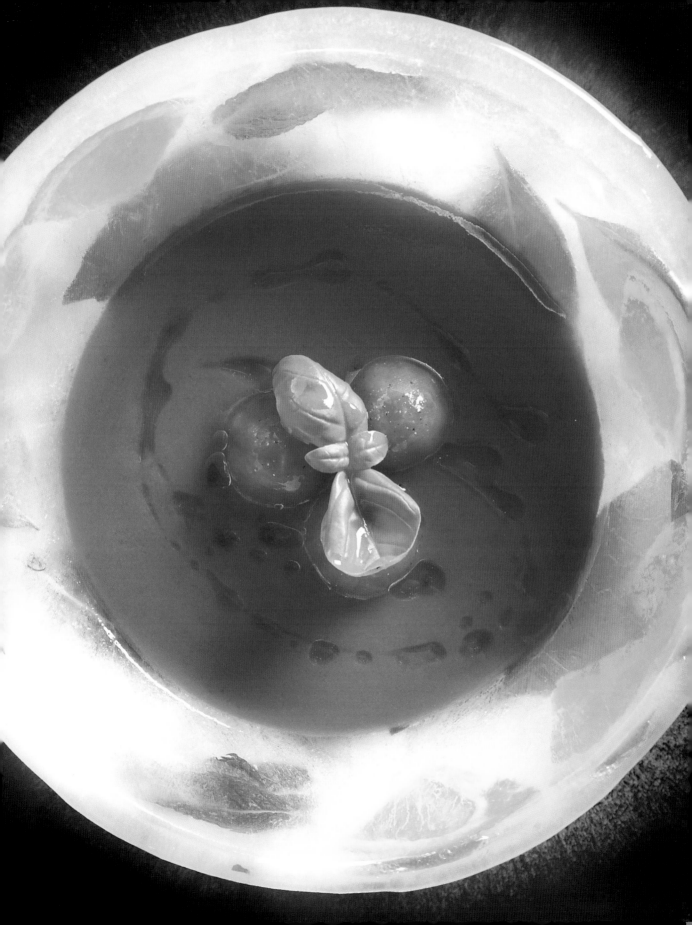

RACIONES

2

TIEMPO

10 minutos
de preparación,

60 minutos
de cocción

SALMOREJO DE REMOLACHA

El salmorejo, igual que el gazpacho, tiene raíces antiquísimas,
aunque hasta la llegada de los tomates a España no aparece tal y como lo conocemos hoy.

INGREDIENTES 4 remolachas medianas, 2 rebanadas de pan, 1 naranja, ½ limón,
½ diente de ajo, 100 ml de aceite de oliva, 40 ml de vinagre de jerez, 8 lascas de bacalao ahumado,
2 dientes de ajo negro, 1 huevo, Brotes de ensalada, Sal.

PREVIAMENTE. Pelamos y cortamos la remolacha en trozos y la cocemos durante 1 hora en agua con sal. Una vez cocida, la escurrimos y reservamos un poco del agua de cocción.

También cocemos un huevo en agua con sal entre 8 y 10 minutos. Cuando esté cocido, lo pelamos y reservamos por separado la yema y la clara.

Pelamos algunos gajos de la naranja a lo vivo, retirando toda la piel con un cuchillo y cortando los gajos sin coger la membrana que los recubre. Exprimimos el resto de la naranja y reservamos el zumo.

EL SALMOREJO. Ponemos la remolacha cocida y un poco de agua de la cocción en el vaso del robot o de la batidora. Añadimos el pan cortado en dados, el ajo, la yema del huevo cocido, el zumo de naranja y de limón, el aceite, el vinagre y sal. Lo trituramos hasta obtener una crema bien fina.

EL EMPLATADO. Disponemos el salmorejo en un plato hondo y rallamos la clara de huevo en los bordes del plato. Terminamos de decorar con el bacalao ahumado cortado en trozos, los gajos de naranja, el ajo negro cortado en daditos, los brotes y un chorrito de aceite de oliva.

EL TOQUE

Hacer un salmorejo sin tomate es posible con la dulce y terrosa remolacha, que se complementa a la perfección con el sabor fuerte del ajo y la acidez de los cítricos. De la receta tradicional se mantienen el pan y el aceite de oliva.

VICHYSSOISE DE ALMENDRA

El puerro es el ingrediente protagonista de esta receta
emblemática de la cocina francesa, cuyo nombre
podría derivar de la ciudad de Vichy.

INGREDIENTES 400 g de almendra cruda pelada, 200 g de pan, 1 diente de ajo,
1 l de agua mineral, 2 puerros, Vinagre de vino blanco (al gusto), Cebollino, Aceite de oliva, Sal.
Migas de tomillo: 2 rebanadas de pan grandes, 1 diente de ajo, 50 g de taquitos de jamón, 6 uvas, Tomillo.

EL AJOBLANCO. Ponemos la miga del pan cortada en dados en el vaso de la batidora y añadimos el agua, las almendras, el ajo pelado, un chorrito de vinagre al gusto y sal. Trituramos y reservamos.

LA VICHYSSOISE. Limpiamos el puerro, picamos la parte blanca y lo pochamos en una cazuela con aceite de oliva. Cuando esté bien pochado, incorporamos el ajoblanco a la cazuela y dejamos cocinar entre cinco y diez minutos removiendo de vez en cuando. A continuación, lo trituramos con la batidora y colamos con un colador.

LAS MIGAS DE TOMILLO. Laminamos el ajo y lo salteamos junto con los taquitos de jamón en una sartén con unas cucharadas de aceite de oliva. Incorporamos el pan cortado en dados de un centímetro y lo doramos bien. Finalmente, agregamos el tomillo seco picado y las uvas peladas.

EL EMPLATADO. Servimos la vichyssoise en un plato hondo con las migas de tomillo por encima, cebollino picado y un cordón de aceite de oliva.

EL TOQUE

La mezcla de dos sopas frías, el ajoblanco
y la vichyssoise, funciona de maravilla. Se puede
tomar caliente, tibia o fría y resulta mucho más ligera
al prescindir de la patata y la nata.

SOPA
DE MELÓN

Las sopas de frutas son un clásico para los días calurosos.
El melón combinado con la menta y el pepino, de la misma familia,
refuerza todavía más el toque fresco de esta sopa.

INGREDIENTES ⅓ de melón de piel de sapo, ⅓ de melón cantalupo, ½ pepino, 125 g de kéfir de cabra, Cardamomo en polvo, Sal de apio, Lima. **Vinagreta:** 3 filetes de anchoa, 6 bolitas de mozzarella, 6 aceitunas de Aragón, Hojas de menta, Vinagre de ajo (opcional), Aceite de oliva, Sal y pimienta.

PREVIAMENTE. Retiramos las semillas de los dos melones, sacamos la carne y reservamos media cáscara del melón cantalupo.

LA SOPA. Ponemos tres cuartas partes de la pulpa de los melones en el vaso de la licuadora junto con el pepino pelado y cortado y el kéfir de cabra. Añadimos también una pizca de sal de apio, una de cardamomo en polvo y trituramos. Una vez triturado, salpimentamos y añadimos unas gotas de lima.

LA VINAGRETA. Cortamos en dados el melón que nos ha sobrado y lo ponemos en un bol. Añadimos las bolas de mozzarella y las anchoas, las aceitunas de Aragón y las hojas de menta, todo bien picado. Aliñamos con aceite de oliva virgen extra, vinagre de ajo o normal, sal y pimienta.

EL EMPLATADO. Vertemos la sopa en el cuenco de melón cantalupo que hemos reservado al principio y repartimos la vinagreta por encima. Servimos muy frío sobre un plato hondo con hielo picado.

EL TOQUE

El kéfir es una leche fermentada por un hongo.
Se parece al yogur pero su sabor es más ácido.
Junto con el melón y el pepino dan como resultado
una sopa-crema de sabores suaves que potenciamos
con anchoa y aceitunas de Aragón.

ENSALADA CÉSAR
EN CUENCO DE PARMESANO

Este plato se creó en 1924 en Tijuana, México, en el hotel Caesar's de los hermanos Cesare y Alessandro Cardini. Originalmente era una ensalada con lechuga, pan, queso parmesano, ajo, huevo y salsa worcester.

INGREDIENTES 150 g de queso parmesano, 1 pechuga de pollo, 1 lechuga Batavia, 1 radicchio, 100 g de copos de maíz, 1 huevo, 2 rebanadas de pan, Tomillo y romero, Sal de ajo, Pimentón de la Vera, Hierbas aromáticas (opcional), Aceite de oliva, Sal y pimienta. **Vinagreta:** 1 burrata, 2 filetes de anchoa, 1 cucharada de mostaza de hierbas, ½ limón, Salsa de soja, Aceite de oliva.

EL ACEITE DE HIERBAS (opcional). Preparamos un aceite de hierbas que se conserva durante mucho tiempo y nos puede servir para multitud de platos. Ponemos una buena cantidad de hierbas aromáticas frescas, al gusto, en un cazo. Las cubrimos con aceite de oliva virgen extra y lo llevamos al fuego. Las confitamos a fuego muy suave durante 1 hora. Después colamos el aceite y lo guardamos en frascos cerrados.

EL CUENCO DE PARMESANO. Rallamos el queso parmesano y lo mezclamos con el tomillo y el romero picados. Ponemos el queso en una bandeja de horno formando un círculo amplio y lo horneamos a 180 ºC durante 10 minutos. Después lo retiramos del horno y en seguida lo colocamos encima de un bol al revés para que coja la forma mientras se enfría.

EL POLLO. Trituramos los copos de maíz en un mortero junto con un poco de pimentón de la Vera, una pizca de sal de ajo y pimienta. Debe quedar machacado, pero sin llegar a ser una harina. Separamos la clara de la yema del huevo y reservamos la yema.

Cortamos la pechuga en tiras y las salpimentamos. Las pasamos por la clara de huevo y después por los copos de maíz triturados, rebozando bien las tiras.
Colocamos las tiras de pollo en una bandeja de horno con papel sulfurizado. Cortamos el pan en daditos y los ponemos al lado en la misma bandeja, aliñados con el aceite de hierbas o aceite de oliva, sal y pimienta. Ponemos la bandeja en el horno a 180 ºC durante unos diez minutos.

LA VINAGRETA. Ponemos la burrata en el vaso de la batidora con los filetes de anchoa, la yema de huevo reservada, un chorro de salsa de soja, la mostaza de hierbas y un poco de zumo de limón. Cubrimos con aceite de oliva y trituramos hasta tener una salsa untuosa.

EL EMPLATADO. Limpiamos las lechugas y las escurrimos bien. Ponemos el cuenco de parmesano en un plato, lo llenamos con las lechugas limpias y escurridas y distribuimos por encima el pan tostado y el pollo rebozado. Finalmente aliñamos con la vinagreta.

EL TOQUE

El cuenco de parmesano se puede usar tanto para esta ensalada como para presentar un plato de pasta u otro en el que el queso esté presente. El rebozado del pollo puede servir para otras carnes y pescados, es ligero y muy crujiente.

ESGARRAET
CON MOJAMA

El *esgarraet* es un típico aperitivo valenciano, un plato sencillo
que concentra todo un abanico de sabores. Originalmente se elabora
solo con pimiento asado, bacalao en salazón, ajo y aceite.

INGREDIENTES 2 endivias rojas, 2 endivias blancas, 1 pimiento verde, 1 pimiento rojo,
1 pimiento amarillo, 1 cebolla tierna, 8 aceitunas negras, 20 g de mojama, 6 huevos de codorniz, 5 anchoas, Tomillo, Sal y
pimienta. Vinagreta: 100 ml de aceite de oliva, 3 pepinillos, 6 alcaparras, 1 cabeza de ajos.

PREVIAMENTE. Para hacer esta ensalada tibia, lo primero que hacemos es asar los pimientos y la cebolla tierna. Aprovechamos para poner también una cabeza de ajos envuelta en papel de aluminio que utilizaremos para la vinagreta. Si tenemos brasa, podemos «quemar» los pimientos y la cebolla hasta que estén bien tostados por todos los lados. Si usamos el horno, los ponemos durante 45 minutos a 180 °C. Por otro lado, cocemos los huevos de codorniz en un cazo con agua hirviendo durante 6 minutos. Después los dejamos enfriar y los pelamos.

EL *ESGARRAET*. Pelamos las verduras asadas y reservamos los jugos de la cocción. Cortamos los pimientos y la cebolla en tiras.
Mezclamos las verduras asadas o *esgarraet* con las anchoas picadas, las aceitunas cortadas en trozos y los huevos picados. Finalmente rectificamos de sal y pimienta.

LA VINAGRETA. Picamos los pepinillos, las alcaparras y sacamos la pulpa del ajo asado.
En un bol mezclamos los encurtidos con la pulpa de ajo, el aceite de oliva, un poco del vinagre de los pepinillos y el jugo que han soltado las verduras asadas.

EL EMPLATADO. Cortamos la base de las endivias y las deshojamos. Rellenamos las hojas con el *esgarraet* y las aliñamos con la vinagreta de encurtidos.
Colocamos un poco de *esgarraet* en el centro del plato y alrededor las hojas de endivia rellenas. Terminamos el plato con la mojama rallada por encima y unas hojitas de tomillo.

EL TOQUE

Valencia es tierra de encurtidos y salazones,
como la mojama de atún, que convierten este
aperitivo tan popular en un entrante muy completo.

ESPÁRRAGOS BLANCOS CON TOMATE

Los espárragos blancos se acompañan muy a menudo de mayonesa
que no deja de ser una emulsión de huevo y aceite. Es una verdura con una
temporada muy corta, en primavera, que hay que aprovechar.

INGREDIENTES 4 espárragos blancos gruesos, 8 tomates cherry, Albahaca, Aceite de oliva, Sal y pimienta.
Salsa choron: 2 yemas de huevo, 120 g de mantequilla clarificada, 2 cucharadas de salsa de tomate, Sal y Limón.
Migas: 2 rebanadas de pan, 60 g de jamón, 1 diente de ajo.

PREVIAMENTE. Para hacer la mantequilla clarificada, fundimos la mantequilla en un cazo a fuego lento y retiramos solo la parte grasa, dejando el suero en el fondo del cazo.

LA GUARNICIÓN. Aliñamos los tomates cherry enteros con aceite, sal y pimienta. Cortamos el pan en daditos pequeños. Ponemos el pan y los tomates en una bandeja al horno a 180 ºC durante unos diez minutos.
En una sartén con un poco de aceite de oliva, doramos el diente de ajo picado y añadimos el jamón cortado en tacos. Agregamos el pan tostado, le damos un par de vueltas y retiramos del fuego.

LOS ESPÁRRAGOS. Sacamos la primera capa del espárrago con un pelador desde la punta hasta el tallo. Los hervimos en abundante agua con sal, 25 gramos de sal por cada litro de agua, durante 4 minutos hasta que estén un poco al dente.

LA SALSA CHORON. Batimos las yemas en un bol al baño maría junto con una cucharada de agua, sal y unas gotas de zumo de limón hasta que monten, que es cuando cogen volumen y tienen un color más blanquecino.
Después, añadimos poco a poco la mantequilla clarificada sin dejar de batir con las varillas. Finalmente, incorporamos la salsa de tomate y mezclamos bien.

EL EMPLATADO. Pelamos los tomates cherry asados. Ponemos una base de salsa choron en el plato, encima colocamos los espárragos y distribuimos las migas a un lado del plato y los tomates cherry al otro. Terminamos de decorar con unas hojas de albahaca.

EL TOQUE

La salsa choron es una salsa holandesa con
tomate. La salsa holandesa, como la mayonesa,
es una emulsión de yemas de huevo con grasa,
en este caso de la mantequilla.
Debe conservarse tibia hasta que se sirve.

SOPA MINESTRONE

Un clásico de la cocina italiana, la sopa minestrone
se elabora con verdura de temporada, legumbres y pasta o arroz.
Añadiendo un poco de carne se convierte en un plato único magnífico.

INGREDIENTES 100 g de pasta pequeña, 300 g de alubias cocidas , 1 l de caldo de verduras,
1 cebolla tierna, 1 diente de ajo, 1 trozo de hueso de jamón, 1 trozo de corteza de parmesano, 1 nabo, 1 chirivía,
1 ramita de apio, 1 zanahoria, 1 calabacín, 4 judías verdes, 4 espárragos, 1 tomate, 5 champiñones,
4 huevos de codorniz, 1 cucharadita de pimentón, Hojas de salvia, Aceite de oliva, Sal y pimienta.

ANTES DE EMPEZAR. Escaldamos el tomate unos segundos en agua hirviendo, lo escurrimos y pelamos. También pelamos y cortamos en dados el resto de las verduras y laminamos los champiñones.

Ponemos a cocer los huevos de codorniz en un cazo con agua hirviendo durante 6 minutos. Los retiramos a un bol con agua fría para cortar la cocción y los pelamos.

LA SOPA. Pochamos la cebolla y el ajo bien picados en una cazuela con un poco de aceite. Agregamos el pimentón y, seguidamente, el caldo de verduras y los trozos de corteza de parmesano y de hueso de jamón. Incorporamos también la judía verde, el nabo, la zanahoria y la chirivía y dejamos cocer unos quince minutos. De vez en cuando vamos retirando la grasa que se acumula en la superficie del caldo.

Pasados quince minutos, añadimos la pasta y el resto de las verduras: el apio, los champiñones, el calabacín, los espárragos y el tomate. Finalmente, agregamos las alubias blancas cocidas y dejamos cocer unos minutos, hasta que la pasta esté hecha.

EL EMPLATADO. Retiramos el hueso de jamón y la corteza de parmesano y servimos la sopa acompañada de unos huevos duros de codorniz abiertos por la mitad, unas hojas de salvia picadas y un chorro de aceite de oliva.

EL TOQUE

Incorporar la corteza del parmesano en la
cocción desde el inicio nos proporciona una sopa
mucho más sabrosa y, además, es una forma de
aprovechamiento de los restos del queso.

MENESTRA DE VERDURAS

Se recomienda consumir 5 raciones de frutas y verduras al día como mínimo.
La menestra de verduras, con producto de temporada, es una receta tradicional
que nos ayuda a conseguirlo.

INGREDIENTES 400 ml de caldo de verduras, 1 calabacín, 1 zanahoria, 6 zanahorias mini, ½ coliflor, ½ brócoli,
5 espárragos verdes, 8 judías verdes, 2 cebolletas, 1 patata, 3 dientes de ajo, Setas de temporada (al gusto),
1 loncha gruesa de jamón, Grasa de jamón, Aceite de oliva, Sal y pimienta.

LA PATATA. Pelamos y cortamos la patata en dados muy pequeños. La ponemos en una olla, la cubrimos con el caldo de verduras, un poco de sal y cocinamos a fuego medio durante 10 minutos.
Cuando esté cocida, la trituramos junto con el caldo.

LAS VERDURAS. Cortamos las verduras en trozos regulares. Sacamos bolas de calabacín con un sacabolas o lo cortamos en dados, la zanahoria en dados, las zanahorias mini enteras y peladas, sacamos ramilletes pequeños del brócoli y la coliflor, cortamos las setas en cuartos, si es necesario, y los espárragos, las judías verdes y las cebolletas los cortamos en trozos al bies.

LA MENESTRA. Fundimos la grasa de jamón cortada en trozos en una cazuela y rehogamos el ajo picado. Antes de que el ajo tome color, añadimos las verduras a la cazuela y las cubrimos con el caldo con la patata. Las dejamos cocer durante 4 minutos.

EL EMPLATADO. Servimos las verduras con el caldo, repartimos encima el jamón cortado en dados y terminamos el plato con un chorro de aceite de oliva en crudo.

EL TOQUE

La grasa de jamón aporta mucho sabor a cualquier sofrito y es una forma de aprovechar todo el jamón. La patata, en lugar de ser un ingrediente más de la menestra, ayuda a dar textura al caldo de cocción de los vegetales.

COLES DE BRUSELAS A LA BOLOÑESA

Las coles de Bruselas están presentes en muchas mesas por Navidad mientras que la salsa boloñesa nació como un guiso de carne y verduras, el ragú, que hoy en día acompaña desde macarrones hasta espaguetis o cualquier tipo de pasta.

INGREDIENTES 250 g de coles de Bruselas, 200 g de carne picada de cerdo y ternera, 60 g de panceta curada, 2 chalotas, 2 dientes de ajo, 1 rama de apio, 2 zanahorias, 4 tomates maduros, 60 g de queso manchego curado, Aceite de oliva, Sal y pimienta.

LA BOLOÑESA. Cortamos la panceta en dados y la doramos en una sartén bien caliente con muy poco aceite, que vaya soltando su propia grasa. Cuando la haya soltado, añadimos las chalotas y los ajos bien picados, y lo dejamos sofreír a fuego medio hasta que esté bien pochado.

Agregamos la carne picada a la cazuela y la vamos dorando mientras la separamos con una cuchara para que quede suelta.

Cuando esté dorada, añadimos la zanahoria y el apio bien picados y lo dejamos sofreír unos minutos. Finalmente añadimos el tomate rallado, sal y pimienta y cocinamos lentamente hasta que se haya evaporado el agua del tomate.

LAS COLES. Limpiamos las coles de Bruselas retirando la primera capa y las hervimos en abundante agua con sal durante unos diez minutos, hasta que estén bien tiernas.

EL GRATINADO. Escurrimos las coles de Bruselas y las mezclamos con la salsa boloñesa. Las pasamos a una fuente para horno, las cubrimos con el queso manchego rallado y gratinamos en el horno con el grill encendido hasta que el queso se funda y se dore.

EL TOQUE

Son coles de Bruselas, pero se podría usar prácticamente cualquier verdura. La salsa boloñesa no solo combina con la pasta, también es deliciosa con verduras, patatas, en empanadas, pizzas y lo que se nos ocurra.

ACELGAS CON PESTO

Las acelgas vivieron su momento de apogeo en la época de los romanos.
Luego su papel en la historia ha sido más bien discreto y tal vez por eso tienen fama de aburridas.
Pueden prepararse de muchas maneras: cocidas, salteadas, guisadas o en crudo.

INGREDIENTES 1 manojo de acelgas de colores, 10 hojas de albahaca,
20 g de piñones, 2 dientes de ajo, 60 g de jamón ibérico, 40 g de pistachos, 6 tomates cherry de pera,
40 g de queso parmesano, 100 ml de aceite de oliva virgen extra, Sal y pimienta.

LAS ACELGAS. Limpiamos las acelgas, separando las hojas de los tallos. Reservamos las pencas en un bol con agua y hielo.

En una sartén con un poco de aceite de oliva, doramos un diente de ajo entero y aplastado. Añadimos las pencas escurridas y los piñones, salpimentamos y salteamos hasta que las acelgas estén cocidas.

EL PESTO. Escaldamos las hojas de acelga en agua hirviendo durante unos segundos y las pasamos a un bol con agua con hielo. Después escaldamos las hojas de albahaca en la misma olla y las retiramos al bol de agua fría.

Escurrimos bien las hojas y las ponemos en el vaso de la batidora.

Añadimos el otro ajo pelado, los pistachos, el aceite de oliva virgen extra, sal y pimienta. Trituramos hasta conseguir la salsa pesto.

Si queda muy espesa, podemos añadir un poco del agua de escaldar las hojas.

EL EMPLATADO. Ponemos la salsa pesto en la base del plato y encima las acelgas salteadas. Decoramos con unas rodajas de tomate cherry y unas tiras de jamón en juliana y de parmesano.

EL TOQUE

Sacamos el máximo partido a la acelga.
Las hojas nos sirven para un pesto que sustituye
los tradicionales piñones por el verde del pistacho.
La misma salsa nos puede servir también para
acompañar una pasta o una ensalada.

ALCACHOFAS CON MANTEQUILLA CAFÉ DE PARÍS

La Café de París es una salsa hecha con mantequilla, especias, hierbas aromáticas y otros condimentos, más de veinte, que nació en un restaurante de Ginebra. En origen acompañaba un entrecot a la brasa.

INGREDIENTES 6 alcachofas, 6 lonchas de panceta, 1 escarola rizada. **Vinagreta:** 10 alcaparras, 1 pimiento del piquillo, 1 filete de anchoa, Cebollino, Limón. **Mantequilla Café de París:** 250 g de mantequilla, 2 filetes de anchoa, 2 chalotas, ½ limón y ½ naranja, 1 cucharada de mostaza, 1 cucharada de kétchup, 1 cucharada de jerez seco, 1 cucharadita de brandi, 1 cucharadita de salsa worcester, 1 cucharadita de alcaparras, 1 cucharadita de pimentón, 1 cucharadita de curry, 1 cucharadita de estragón, 3 cucharadas de perejil, 3 cucharadas de cebollino, Romero, Orégano, Eneldo y tomillo, Ajo y cayena molidos, Sal y pimienta.

PREVIAMENTE. Sacamos la mantequilla de la nevera y la dejamos a temperatura ambiente para que se ablande. Además, picamos las alcaparras, las chalotas, el perejil, el cebollino y dos filetes de anchoa.
Limpiamos la escarola y la ponemos en un bol con agua y unos cubitos de hielo.

LA MANTEQUILLA CAFÉ DE PARÍS. Ponemos la mantequilla pomada en un bol junto con el zumo y la ralladura de limón y naranja y el resto de los ingredientes. Sazonamos con una pizca de ajo en polvo, orégano, eneldo, tomillo y romero secos. Añadimos un poco de sal, cayena y pimienta al gusto y mezclamos con energía hasta obtener una pasta homogénea.

LAS ALCACHOFAS. Limpiamos las alcachofas, retiramos las hojas exteriores con la ayuda de un cuchillo y cortamos la base para que se aguanten depie. A continuación retiramos también la parte de arriba, la más dura. Reservamos los tallos.
Colocamos las alcachofas en una fuente de horno. Ponemos un poco de mantequilla Café de París encima de cada alcachofa con la ayuda de una cuchara. Horneamos a 180 ºC durante 20 minutos.

LA VINAGRETA. Limpiamos y pelamos los tallos de alcachofa que hemos reservado. Nos quedamos solo con la carne tierna, que colocamos en un bol con agua y limón. Cortamos los tallos en daditos y los mezclamos con zumo de limón, un filete de anchoa, las alcaparras, el pimiento y el cebollino, todo picado. Añadimos el aceite de oliva, sal y pimienta.

EL EMPLATADO. Escurrimos bien la escarola, la aliñamos con la vinagreta y la repartimos en la base del plato. Disponemos las alcachofas encima y las cubrimos con una loncha de panceta que se va a fundir con el calor.

EL TOQUE

La mantequilla Café de París también se saborea con una verdura contundente e intensa como la alcachofa. Se puede hacer una versión más simplificada con menos hierbas, salsas y especias.

COLIFLOR GRATINADA

La coliflor, junto con las espinacas, es la verdura que más se emplea gratinada.
Generalmente se cubre la verdura cocida con bechamel, queso rallado y se dora en el horno.

INGREDIENTES 1 coliflor, 100 g de panceta ibérica, Tomillo y romero, 1 hoja de laurel, Aceite de oliva, Sal y pimienta.
Salsa de mostaza: 120 g de mostaza de Dijon, 60 g de aceite de oliva, 40 g de salsa de soja, 35 g de cilantro en grano, 15 g de comino, 2 limas, 1 diente de ajo.

LA SALSA. Exprimimos las dos limas. En un vaso de batidora ponemos la mostaza, las semillas de cilantro, el comino, el diente de ajo, la salsa de soja, el zumo de lima y el aceite de oliva y trituramos hasta obtener una pasta que después colamos.

LA COLIFLOR. Quitamos todas las hojas de la coliflor y la dejamos entera. Ponemos una olla grande al fuego con un poco de agua, una hoja de laurel y un molde o algo metálico que sobresalga del agua, como un aro o un bol del revés. Ponemos la coliflor encima, sin que toque directamente el agua, tapamos la olla y dejamos cocinar al vapor durante 15 minutos.

Retiramos la coliflor, que estará a medio cocer, y la cortamos por la mitad horizontalmente. Sacamos la parte de arriba. La salpimentamos y cubrimos la parte inferior con las lonchas de panceta ibérica. Tapamos otra vez la coliflor y la pintamos entera con la salsa de mostaza colada.
Horneamos la coliflor a 220 ºC durante 25 minutos para que se termine de cocinar y quede dorada.

EL EMPLATADO. La servimos entera en la mesa con un poco de romero y tomillo picados y un chorro de aceite de oliva en crudo.

EL TOQUE

El color dorado, característico del gratinado, se puede obtener sin usar bechamel ni lácteos, solo con una mezcla de especias que da sabor a una coliflor que presentamos entera para que resulte más espectacular.

ESPINACAS
A LA CREMA GRATINADAS

Cubrir verduras con bechamel y gratinarlas es una de las formas
más populares para que todos coman vegetales. Unas espinacas a la crema resultan ideales
tanto de primer plato como de acompañamiento para carnes y pescados.

INGREDIENTES 200 g de espinacas frescas, 80 g de gambas peladas,
2 dientes de ajo, 20 g de piñones, ½ cucharadita de comino, Aceite de oliva.
Bechamel: 40 g de mantequilla, 40 g de harina, 250 ml de leche, 250 ml de nata, 1 yema de huevo,
80 g de parmesano rallado, Nuez moscada, Sal y pimienta.

LAS ESPINACAS. Ponemos a dorar el ajo picado en una sartén con un poco de aceite. Añadimos las gambas, peladas y cortadas, y las salteamos. Agregamos las espinacas limpias, salpimentamos y salteamos 1 minuto. Retiramos del fuego, pasamos las espinacas a un colador y reservamos el jugo que suelten.
Pasamos las espinacas a una fuente de horno, espolvoreamos con el comino y las mezclamos con los piñones.

LA BECHAMEL. Calentamos la leche junto con la nata en un cazo, así no se forman grumos en la bechamel.
En otra cazuela, fundimos la mantequilla. Incorporamos la harina y doramos durante 1 minuto y medio para que pierda el sabor a crudo. Añadimos la leche y la nata calientes, sal, pimienta y nuez moscada rallada. Cocinamos a fuego lento sin dejar de remover hasta que espese. Retiramos del fuego, incorporamos la yema de huevo y el jugo de las espinacas y lo mezclamos bien.
Cubrimos las espinacas con la bechamel, repartimos el parmesano rallado por encima y gratinamos en el horno hasta que el queso esté dorado.

EL EMPLATADO. Servimos directamente en la fuente de horno.

EL TOQUE

La yema de huevo enriquece la bechamel
y ayuda a que quede brillante y dorada, con una
apariencia aún más atractiva.

BERENJENAS RELLENAS DE CUSCÚS

Uno de los alimentos más antiguos consumidos por el hombre, la sémola de trigo,
rica en proteínas e hidratos de carbono, es la base del cuscús y de la pasta de trigo duro.

INGREDIENTES 2 berenjenas, 150 g de cuscús, 80 g de puerro, 30 g de avellanas,
30 g de aceitunas muertas de Aragón, 1 limón, Tomillo, Orégano fresco, Queso parmesano rallado,
Aceite de oliva, Sal y pimienta. **Salsa putanesca:** 3 tomates, 1 chalota, 4 filetes de anchoa, 20 g de alcaparras.

LAS BERENJENAS. Lavamos las berenjenas, las cortamos en rodajas gruesas y hacemos unos cortes en forma de red en una de las caras.

Colocamos las rodajas y las puntas en una bandeja con papel de horno, las sazonamos con sal y pimienta y las rociamos con aceite de oliva. Cocinamos las berenjenas en el horno a 200 ºC durante 30 minutos.

LA SALSA PUTANESCA. Sofreímos la chalota picada en una sartén con aceite. Incorporamos los tomates triturados y colados y dejamos evaporar el agua. Ponemos a punto de sal y pimienta y añadimos las anchoas picadas y las alcaparras.

EL RELLENO. Ponemos el cuscús en un bol con la ralladura de limón, las avellanas previamente machacadas en el mortero, las aceitunas muertas troceadas y el tomillo picado. Sazonamos con sal y pimienta y mojamos con el mismo volumen de agua caliente que de cuscús.

Tapamos el bol con papel film y dejamos hidratar el cuscús durante unos cinco minutos.

Picamos el puerro y lo rehogamos en una sartén con aceite de oliva.

Vaciamos la pulpa de las puntas de las berenjenas asadas, la picamos con el cuchillo y la añadimos al cuscús junto con el puerro pochado. Mezclamos bien.

Chafamos un poco la carne de las rodajas de berenjena con la ayuda de una cuchara y las rellenamos con la mezcla anterior.

Ponemos la salsa putanesca en una fuente para horno y colocamos encima las berenjenas rellenas. Espolvoreamos con parmesano rallado y gratinamos hasta que se dore el queso.

EL EMPLATADO. Servimos las berenjenas directamente en la fuente con un poco de orégano fresco por encima.

EL TOQUE

Rellenar berenjenas sin abrirlas por
la mitad es posible. Cortadas en rodajas gruesas,
se asan fácilmente y se pueden rellenar
con lo que más nos apetezca: cuscús, arroz,
vegetales, carne, marisco...

BERENJENAS RELLENAS

Traídas a nuestro país por los árabes, España fue el primer país occidental
en usar las berenjenas. Rellenas con carne picada se han convertido
en un básico de la cocina casera.

INGREDIENTES 2 berenjenas, 100 g de carne picada de cerdo, 100 g de carne picada de ternera,
50 g de jamón ibérico, 1 cebolla, 1 zanahoria, 150 g de tomate frito, 1 cucharadita de pimentón,
1 chorrito de brandi, Queso parmesano, Aceite de oliva, Sal y pimienta.

LAS BERENJENAS ASADAS. Partimos las berenjenas por la mitad a lo largo y hacemos unos cortes en forma de red en la carne. Untamos cada mitad con aceite de oliva, sal y pimienta, las colocamos en una bandeja forrada con papel de horno y las asamos 30 minutos a 180 ºC. Transcurrido ese tiempo, las sacamos, retiramos la pulpa con la ayuda de una cuchara y reservamos las pieles.

EL RELLENO. Picamos el jamón ibérico y lo mezclamos con la carne picada de cerdo y de ternera. Doramos las carnes en una cazuela con aceite. Retiramos las carnes de la cazuela e incorporamos la cebolla y la zanahoria picadas, junto con la pulpa de la berenjena. Salteamos unos minutos y agregamos de nuevo las carnes. Mojamos con el brandi, flambeamos y añadimos el tomate frito. Dejamos cocinar hasta obtener un sofrito bien seco.

Rellenamos las pieles de berenjena con el sofrito y cubrimos con parmesano rallado. Gratinamos en el horno hasta que el queso se funda y adquiera un tono dorado.

EL EMPLATADO. Servimos las berenjenas directamente en la fuente.

EL TOQUE

El flambeado es una de las técnicas culinarias
más tradicionales. Rociamos la preparación
con brandi o coñac y le prendemos fuego.
Cuando el alcohol se ha quemado, queda todo
el aroma y sabor.

PIMIENTOS RELLENOS DE CHANGURRO

Entre los productos del norte, destacan los pimientos del piquillo de Lodosa
que tradicionalmente se han rellenado de todo tipo de ingredientes.

INGREDIENTES 10 pimientos del piquillo frescos, , 1 buey de mar, 3 chalotas, ½ puerro, 30 g de mantequilla,
30 ml de brandi, 1 cucharadita de pimienta de Espelette, Cebollino, Aceite de oliva, Sal y pimienta.
Bechamel de pimiento: 150 ml de leche, 150 ml de fumet, 150 ml de nata, 45 g de mantequilla, 35 g de harina.

PREVIAMENTE. Asamos los pimientos del piquillo frescos a la brasa o en su defecto en el horno durante veinticinco o treinta minutos. Una vez asados y fríos, los pelamos y reservamos. Si no es temporada de pimiento fresco, podemos preparar esta receta con pimientos del piquillo en conserva.

Cocinamos el buey de mar en abundante agua con sal, unos 60 g de sal por litro de agua, durante unos ocho minutos (12 minutos por kilo). Después lo escurrimos, lo dejamos enfriar y retiramos la carne de la cabeza y las patas y reservamos los jugos de la cabeza.

LA BECHAMEL. Calentamos en un cazo el fumet, la nata y la leche conjuntamente.

En otro cazo fundimos la mantequilla con un poco de aceite, para que no se queme. Cuando esté fundida, añadimos la harina y dejamos cocinar 1 minuto y medio sin dejar de remover. A continuación, agregamos los líquidos y vamos removiendo hasta que espese.

Añadimos a la bechamel cuatro de los pimientos asados, los menos bonitos, rectificamos de sal y pimienta y trituramos bien.

LOS PIMIENTOS RELLENOS. Picamos el puerro y lo rehogamos en una sartén con aceite de oliva hasta que esté bien tierno. Añadimos un poco de pimienta de Espelette y brandi y dejamos que evapore.

Retiramos el puerro del fuego y lo mezclamos con la carne y los jugos del buey de mar. Añadimos también un par de cucharadas de bechamel al relleno y lo mezclamos bien.

Rellenamos los pimientos con la mezcla de changurro.

EL EMPLATADO. Ponemos unas cucharadas de bechamel en la base del plato, los pimientos rellenos encima, con la apertura hacia abajo y terminamos con un poco de aceite de oliva crudo y cebollino.

EL TOQUE

El pimiento del piquillo fresco se puede
encontrar en temporada, es pequeño
y delicado, delicioso para rellenar.
Con el changurro o carne de cangrejo
hace una pareja insuperable.

PATATAS CON ROPA VIEJA

La ropa vieja es un plato tradicional de aprovechamiento.
La base son los garbanzos, las carnes de cerdo y las patatas del cocido.

INGREDIENTES 4 patatas, 250 g de jarrete de ternera, 1 muslo de pollo, 50 g de jamón,
100 g de garbanzos, ¼ de puerro, ½ zanahoria, ½ cebolla, 2 dientes de ajo, 5 hebras de azafrán, ½ chalota,
¼ de pimiento verde italiano, 1 huevo, Cebollino, Aceite de oliva, Sal y pimienta.

PREVIAMENTE. Ponemos los garbanzos en remojo con agua fría la noche anterior.

EL COCIDO. Cortamos la zanahoria, la cebolla y el puerro en trozos grandes y los ponemos en una olla junto con el ajo, la ternera, el pollo y el jamón. Cubrimos con un litro de agua y dejamos cocer a fuego lento durante unas 2 horas y media. Cuando empiece a hervir, desengrasamos el caldo e incorporamos los garbanzos metidos en una malla. Al final de la cocción, añadimos las hebras de azafrán.
Una vez que tengamos el cocido, retiramos las carnes y las deshilachamos.
Retiramos también los garbanzos, colamos el caldo y lo repartimos en dos cazos al fuego: uno será para cocer la patata y el otro lo dejaremos reducir hasta que tenga textura de salsa espesa.

LAS PATATAS. Cortamos la parte de arriba de las patatas sin pelar y las vaciamos con un sacabolas. Incorporamos el interior de las patatas que vamos sacando a uno de los cazos con caldo y las cocemos.

Ponemos las patatas vaciadas en una fuente con papel de horno, las sazonamos con sal y pimienta, un chorrito de aceite de oliva y las horneamos a 180 °C durante 20 minutos.

EL RELLENO. Sofreímos la chalota y el pimiento verde picados en una sartén con aceite de oliva. Cuando las verduras estén bien pochadas, incorporamos las carnes deshilachadas y acabamos de saltear. Retiramos del fuego, agregamos un huevo y removemos bien para ligar el relleno.

LA CREMA DE GARBANZOS. Con un tenedor, chafamos los garbanzos del cocido junto con las patatas que teníamos cociendo con parte del caldo y el caldo necesario para conseguir una crema. Finalmente rectificamos de sal y pimienta.

EL EMPLATADO. Repartimos la crema de garbanzos dentro de las patatas asadas y encima ponemos el relleno de carne. Salseamos con el caldo reducido y terminamos de decorar con cebollino picado.

EL TOQUE

Usamos toda la olla de cocido, tanto las carnes como el caldo, para un plato único y muy completo. Nuestro consejo es que preparéis más cantidad de cocido. El caldo os servirá en multitud de sopas y recetas.

TARTAR
DE PAN CON CAVIAR

En origen, el tartar era una preparación de carne o pescado crudo aderezado con diferentes condimentos. En la actualidad ha derivado hacia múltiples versiones con todo tipo de ingredientes.

INGREDIENTES 300 g de pan de molde, 120 g de nata líquida, 1 chalota, 1 yema de huevo, 1 ramita de tomillo fresco, 1 cucharadita de mostaza antigua, ½ limón, 150 g de caviar de arenque, 6 alcaparras, 4 pepinillos, 4 cebolletas encurtidas, Eneldo, Cebollino, Orégano fresco, Aceite de oliva virgen extra, Sal y pimienta.

EL TARTAR. Retiramos la corteza del pan de molde, la reservamos, y desmenuzamos la miga.
Aliñamos el pan desmenuzado como si se tratara de un tartar de carne. Mezclamos la miga con la chalota picada, la yema de huevo, la mostaza, sal, pimienta y un buen chorro de aceite de oliva virgen extra. Mezclamos bien todos los ingredientes y finalmente lo ligamos con un poco de nata.

LAS MIGAS. Cortamos en daditos la corteza que hemos reservado al inicio y la salteamos en una sartén con un poco de aceite y tomillo.

LA NATA AGRIA. Ponemos en un bol el resto de la nata con el zumo de limón y batimos ligeramente. Añadimos un poco de cebollino picado, sal y pimienta y mezclamos bien.

EL EMPLATADO. Con la ayuda de un aro, colocamos las migas salteadas con tomillo en la base. Encima ponemos el tartar de pan y cubrimos con huevas de arenque. Retiramos el aro y repartimos los encurtidos alrededor del plato. Terminamos con unos puntos de nata agria y una ramita de eneldo encima de cada punto. Decoramos el tartar con una hoja de orégano fresco.

EL TOQUE

Con pocos ingredientes y pan como elemento central conseguimos un tartar suave, sedoso y jugoso que se deshace en la boca. Si además usamos un sencillo aro, creamos una presentación de alta cocina que sorprenderá a más de uno.

CANELONES DE JAMÓN

Los canelones, de origen italiano, llegaron a España en el siglo XIX.
Son un plato habitual en algunas mesas durante las festividades navideñas.

INGREDIENTES 12 lonchas de jamón del país, 2 muslos de pollo de corral,
250 g de papada de cerdo, 300 g de lomo de cerdo, 100 g de foie fresco, 20 g de trufa negra, 1 cebolla,
2 zanahorias, 2 l de caldo de ave, 2 rebanadas de pan, 100 ml de leche, 50 ml de nata, 30 ml de armañac,
50 g de queso rallado, Romero y tomillo, Aceite de oliva, Sal y pimienta.
Bechamel: 250 ml de nata, 250 ml de leche, 1 hueso de jamón, 80 g de mantequilla,
70 g de harina de trigo, Nuez moscada.

EL RELLENO. Cortamos las carnes en trozos, las salpimentamos y las doramos en una cazuela con aceite de oliva. Retiramos las carnes y, en la misma cazuela, rehogamos la cebolla y la zanahoria cortadas en trozos con una rama de romero y otra de tomillo. Incorporamos de nuevo las carnes junto con el foie. Mojamos con el caldo de ave y dejamos cocinar durante 1 hora y media. Cuando falten 5 minutos para finalizar la cocción, agregamos el pan mojado en la leche y la nata.
Deshuesamos el pollo y trituramos toda la carne con la salsa en la picadora. Rectificamos de sal y pimienta y añadimos la piel de la trufa picada y el armañac. Reservamos el relleno en la nevera.

LA BECHAMEL. Calentamos la leche y la nata con el hueso de jamón. En otra olla fundimos la mantequilla a fuego suave y vamos agregando la harina poco a poco removiendo con las varillas hasta integrar todos los ingredientes. Vertemos poco a poco la leche y la nata infusionadas y coladas y sin dejar de remover hasta que espese. Sazonamos con sal, pimienta y nuez moscada y retiramos del fuego.

LOS CANELONES. Superponemos dos lonchas de jamón sobre un papel film y las llenamos con el relleno. Enrollamos ayudándonos del film para que no se pegue el jamón. Repetimos la operación hasta hacer todos los canelones.
Ponemos una base de bechamel en una bandeja de horno y colocamos los canelones. Los cubrimos con el resto de la bechamel, los espolvoreamos con queso rallado y los gratinamos en el horno hasta que estén dorados.

EL EMPLATADO. Servimos con un poco de trufa rallada por encima.

EL TOQUE

El jamón, ingrediente estrella de las Navidades, es el protagonista principal de estos canelones. No solo sustituye a la pasta sino que además aporta sabor a la bechamel.

ARROCES, PASTAS Y LEGUMBRES

ARROZ
DE BACALAO

El arroz de bacalao, en diferentes versiones, se encuentra
por toda la geografía española. El bacalao era el rey de la cocina durante
la Cuaresma, cuando se hacía abstinencia de carne.

INGREDIENTES 200 g de arroz bomba, 100 g de tripa y lomo de bacalao desalados,
50 g de setas, 50 g de morcilla de arroz, 1 cebolla de Figueras, 1 diente de ajo, 750 ml de fumet,
Unas hebras de azafrán, Cebollino, Aceite de oliva, Sal.

EL ARROZ. En una cazuela con aceite de oliva, rehogamos la cebolla y el diente de ajo picados. Añadimos los pies de las setas cortados en dados. Finalmente incorporamos la tripa de bacalao desalada y cortada en trocitos. Cuando se hayan cocinado las setas y la tripa de bacalao, agregamos el arroz y nacaramos, es decir dejamos que se impregne bien del sofrito. Salamos ligeramente y añadimos el azafrán. Mojamos con un poco de fumet, el resto del caldo lo iremos añadiendo poco a poco a medida que el arroz lo vaya absorbiendo. Dejamos cocer durante unos dieciocho minutos.

En los últimos minutos de cocción, añadimos los sombreros de las setas fileteados. Retiramos del fuego e incorporamos el lomo de bacalao troceado y un chorro de aceite de oliva. Mezclamos bien.

LA GUARNICIÓN. Cortamos la morcilla de arroz en rodajas y la marcamos en una sartén caliente.

EL EMPLATADO. Servimos el arroz en un plato hondo y decoramos con unas rodajas de morcilla y un poco de cebollino picado.

EL TOQUE

La tripa de bacalao, por su textura, también
se conoce como «callos de bacalao».
En realidad es la vejiga natatoria, muy rica
en gelatina e ideal para ligar salsas o, en este caso,
para dar una textura diferente al arroz.

ARROZ AL HORNO

El arroz al horno es una receta tradicional valenciana que tiene su origen
en el aprovechamiento de los restos del cocido.

INGREDIENTES 200 g de arroz bomba, 800 ml de caldo de cocido,
120 g de costilla de cerdo, 60 g de panceta fresca, 6 dientes de ajo, 5 patatas ratte u otras pequeñas,
1 cebolla, 2 morcillas de cebolla, 2 tomates, 5 hebras de azafrán, 1 huevo, 20 g de garbanzos cocidos,
1 rama de romero, 1 rama de tomillo, Aceite de oliva, Sal y pimienta.

EL ARROZ. Retiramos el hueso de la costilla y cortamos la carne en trozos. A continuación, la doramos en una cazuela de barro o hierro que luego pueda ir al horno. Añadimos la panceta troceada y los ajos en camisa, excepto uno que reservamos para el alioli.

Incorporamos las patatas cortadas en rodajas con la piel, la cebolla picada y, por último, las morcillas de cebolla.

Cuando el sofrito esté listo, incorporamos el arroz y lo nacaramos o sofreímos un poco. Añadimos las hebras de azafrán, un poco de sal y mojamos con el caldo de cocido. Debemos poner un poco más del doble de caldo que de la medida de arroz. A continuación añadimos los garbanzos cocidos y el tomate en rodajas.

Ponemos romero y tomillo picado al arroz y retiramos una de las morcillas que reservamos para hacer el alioli.

Llevamos la cazuela al horno a 230 - 240 °C y cocemos el arroz hasta que se evapore el caldo, unos 20 minutos.

Cuando esté listo, sacamos el arroz del horno, lo tapamos y dejamos reposar durante unos pocos minutos.

EL ALIOLI DE MORCILLA. Retiramos la piel a la morcilla que hemos reservado y ponemos la carne en el vaso de la batidora. Añadimos un diente de ajo pelado, un huevo entero, aceite de oliva, sal y pimienta. Batimos hasta que quede ligado.

EL EMPLATADO. Servimos el arroz en la misma cazuela espolvoreado con perejil picado y con unos puntos de alioli de morcilla por encima.

EL TOQUE

El alioli es una salsa base que admite mil
variaciones como esta de morcilla. Un complemento
perfecto para este arroz potente,
ideal para días fríos de invierno.

ARROZ
CON PERDIZ A LA LATA

El arroz con perdiz es uno de los grandes platos
tradicionales de la cocina española y un clásico de los platos de caza menor,
con un sabor peculiar, intenso y muy definido.

INGREDIENTES 2 perdices, 160 g de arroz, 2 chalotas, 1 alcachofa, 1 nabo, 1 seta de cardo,
2 tomates triturados, 4 hebras de azafrán, 1 rama de romero y tomillo fresco, Cebollino, Aceite de oliva, Sal y pimienta.
Caldo de perdiz: Carcasas de las perdices, 1 l de caldo de cocido, 5 chalotas, 1 hoja de laurel, Enebro,
Pimienta negra en grano. **Extra:** Ramas secas de tomillo y romero.

PREVIAMENTE. Para empezar necesitamos tener las perdices despiezadas. Lo podemos pedir en la carnicería o bien hacerlo nosotros.

Separamos los muslos, las alitas, las pechugas y reservamos las carcasas y los menudillos.

Con las carcasas preparamos un caldo rápido de perdiz. Para ello, sofreímos las chalotas picadas junto con el laurel, el enebro y la pimienta negra. Incorporamos las carcasas y doramos bien. A continuación, mojamos con el caldo de cocido y dejamos cocer entre treinta y cuarenta y cinco minutos.

LAS PERDICES AHUMADAS. Marcamos las pechugas, las alitas y los muslos de las perdices en una cazuela con un poco de aceite. Una vez doradas, pasamos las pechugas a una cazuela de barro junto con las hierbas aromáticas secas (romero y tomillo). Prendemos las hierbas, tapamos y dejamos ahumar mientras cocinamos el arroz.

EL ARROZ. Para el arroz, añadimos los menudillos de perdiz a la cazuela con las alitas y los muslos y doramos. Incorporamos las chalotas picadas y seguimos dorando. Añadimos el tomate triturado, el azafrán y el romero y el tomillo frescos.

Cuando el sofrito haya reducido, agregamos el arroz y nacaramos. A continuación incorporamos el nabo y la alcachofa cortados en daditos y la seta de cardo en rodajas. Mojamos con el caldo de perdiz colado y cocinamos durante 10 minutos a fuego fuerte.

Pasamos el arroz a una lata, es decir, una bandeja metálica poco honda, y lo cocinamos sobre el fuego otros 5 minutos. Terminamos de secarlo en el horno a 200 °C durante unos minutos.

EL EMPLATADO. Escalopamos las pechugas ahumadas cortándolas al bies.

Servimos el arroz con las pechugas y terminamos con cebollino picado y un chorrito de aceite de oliva por encima.

EL TOQUE

Ahumar en casa es fácil. Solo se necesitan
unas ramas secas y un recipiente cerrado.
El aroma nos transporta al campo, a las fogatas
que antiguamente hacían los pastores
y campesinos a la hora de la comida.

RISOTTO DE HIERBAS

El risotto es la forma más popular de cocinar el arroz en Italia.
El resultado es un arroz extremadamente cremoso.

INGREDIENTES 160 g de arroz arborio o bomba, 700 ml de caldo de verduras, 3 chalotas,
1 vasito de vino blanco, 50 g de queso curado, 1 rama de romero, 1 rama de tomillo, Aceite de oliva, Sal.
Mantequilla de hierbas: 80 g de mantequilla, Perejil, Cebollino, Brotes de espinacas,
Eneldo, Albahaca, Salvia, Estragón, Orégano.

PREVIAMENTE. Sacamos la mantequilla de la nevera 1 hora antes para que quede pomada, es decir, con textura blanda. Para acelerar el proceso, podemos cortarla en daditos.

Antes de empezar, ponemos en un cazo el caldo de verduras y añadimos las ramas de romero y tomillo. Dejamos infusionar a fuego medio mientras preparamos el resto de la receta.

LA MANTEQUILLA DE HIERBAS. Escaldamos hojas de todas las hierbas aromáticas en agua hirviendo y seguidamente las pasamos a un bol de agua con hielo. Las escurrimos bien y picamos con el cuchillo. En el vaso de la batidora ponemos la mantequilla pomada junto con las hierbas picadas y trituramos. Pasamos la mantequilla a un recipiente, lo tapamos y reservamos en la nevera.

EL RISOTTO. Rehogamos la chalota picada en una sartén con un poco de aceite. Incorporamos el arroz y lo nacaramos. Salamos, mojamos con el vino y añadimos un poco del caldo colado. A medida que el arroz lo vaya absorbiendo, incorporamos el resto de caldo poco a poco. Cocemos durante unos dieciocho minutos, removiendo a menudo.

Retiramos el arroz del fuego, incorporamos la mantequilla de hierbas y mezclamos bien. Terminamos con queso rallado y acabamos de mantecar, mezclando con movimientos envolventes.

EL EMPLATADO. Servimos el arroz con unas hojas de albahaca a modo de decoración.

EL TOQUE

Las hierbas aromáticas, que pueden variar en función de lo que tengamos, son las protagonistas de la receta. La mantequilla de hierbas cumple una doble función: aromatiza el risotto a la vez que nos ayuda a mantecar para que quede más cremoso.

QUINOTTO

La palabra «risotto» proviene del italiano *riso*, es decir, «arroz».
Aunque la técnica del risotto puede aplicarse a muchos otros cereales.

INGREDIENTES 200 g de quinoa blanca, 1 cebolla, ½ pimiento rojo,
½ pimiento verde, 2 tomates, 500 ml de fumet, 10 ml de tinta de calamar, 100 g de tirabeques,
10 chipirones, 2 dientes de ajo, Cebollino, Aceite de oliva, Sal y pimienta.

PREVIAMENTE. Ponemos la quinoa en un colador y la lavamos bien con agua para eliminar toda la saponina, el compuesto que hace que amargue.

EL QUINOTTO. Pochamos un diente de ajo y la cebolla picados en una cazuela con aceite de oliva. Añadimos el pimiento rojo y verde cortados en daditos. Una vez pochado, incorporamos el tomate triturado y dejamos cocinar hasta que el sofrito esté bien concentrado. Cuando el sofrito esté listo, agregamos la quinoa lavada y la salteamos un poco. A continuación, añadimos la tinta de calamar, removemos y mojamos con el fumet. Dejamos cocer entre quince y dieciocho minutos.

Limpiamos los chipirones, cortamos las patas y las metemos dentro del cuerpo. Los salteamos ligeramente en la sartén con un poco de aceite de oliva.
Minutos antes de acabar la cocción, incorporamos los tirabeques y los chipirones salteados a la cazuela con el quinotto.

EL ACEITE DE AJO. Machacamos el otro diente de ajo pelado en el mortero y mezclamos con aceite de oliva.

EL EMPLATADO. Servimos el quinotto en la misma cazuela con un chorro de aceite de ajo por encima y cebollino picado.

EL TOQUE

La quinoa es una semilla andina, poco conocida en nuestro país hasta hace unos años. Se puede usar como sustituta de los cereales más habituales y hacer los platos aptos para intolerantes al gluten. Esta misma receta se puede preparar con guisantes de temporada, en invierno y principio de primavera.

RACIONES

2

TIEMPO

30 minutos
de horno,

15 minutos
de preparación

CUSDEUÁ

La fideuá, plato emblemático de Gandía,
nació como una variación del arroz a banda con pasta. El éxito fue tal que ya tiene
entidad propia y es uno de los platos marineros más populares.

INGREDIENTES 200 g de cuscús, 10 gambas, ½ zanahoria, ¼ de puerro, ½ cebolla,
1 diente de ajo, 1 chalota, 20 g de pimiento verde, 20 g de pimiento rojo, 1 hoja de laurel, 4 hebras de azafrán,
Cebollino, Aceite de oliva, Sal y pimienta. **Alioli de ajo asado:** 1 cabeza de ajos, 1 huevo,
150 ml de aceite de oliva suave, 3 hebras de azafrán, Limón, Sal y pimienta.

PREVIAMENTE. Por un lado, necesitamos unos ajos asados para hacer el alioli. Envolvemos una cabeza de ajos con papel de aluminio. La asamos en el horno a 180 ºC entre treinta y cuarenta minutos.
Por otro, preparamos un fumet de gambas. Limpiamos las gambas y reservamos las colas. Ponemos las cabezas y las cáscaras en un cazo junto con algunas verduras para caldo: zanahoria, cebolla y puerro. Cubrimos justo con agua y lo cocinamos durante 10 minutos.

LA CUSDEUÁ. Empezamos tostando el cuscús junto con el diente de ajo en camisa chafado en una sartén con un poco de aceite.
En una cazuela con aceite, pochamos la chalota y los pimientos rojo y verde, todo bien picado, junto con una hoja de laurel. Cuando estén prácticamente pochadas las verduras, añadimos el azafrán y mezclamos bien. Incorporamos el cuscús tostado a la cazuela y removemos para homoge-

neizar los sabores. Retiramos del fuego y agregamos 190 ml del caldo de gamba, el mismo volumen de caldo que de cuscús. Removemos ligeramente y llevamos al horno a 180 ºC durante 3 minutos, hasta que quede bien seco.
Retiramos del horno y removemos un poco con un tenedor para soltar el grano.

EL ALIOLI. Ponemos la pulpa de ajo asado en el vaso de la batidora junto con el huevo, unas gotas de zumo de limón, unas hebras de azafrán, el aceite de oliva suave, sal y pimienta. Batimos hasta emulsionar y tener una textura cremosa.

EL EMPLATADO. Marcamos las colas de las gambas a la plancha con unas gotas de aceite.
Servimos el cuscús con las colas de gamba encima y unos puntos de alioli de ajo asado. Terminamos con un poco de cebollino picado.

EL TOQUE

El cuscús es una sémola de trigo duro,
la misma materia prima que la pasta. Así pues sirve
como alternativa a los fideos. Además, lo tostamos
igual que haríamos en la fideuá clásica.

RACIONES

2

TIEMPO

35 minutos
de preparación,

2 minutos
de cocción

PASTA DE ALBAHACA CON TOMATE

La pasta casera es muy fácil de preparar y nos ofrece la posibilidad
de hacer variaciones con diferentes ingredientes.

INGREDIENTES 200 g de harina, 2 huevos, 1 manojo de albahaca, 10 bolitas de mozzarella, 6 tomates secos, 6 aceitunas Kalamata, 200 ml de caldo de cocido, 1 cucharada de mantequilla, Orégano fresco, Aceite de oliva, Sal.

LA PASTA. El primer paso es triturar la harina junto con la albahaca en un robot hasta obtener una harina verde. La pasamos a un bol y añadimos los huevos y la sal. Mezclamos primero con una cuchara y luego amasamos con las manos hasta obtener una masa homogénea. Si a la masa le falta humedad, le podemos añadir un poco de leche.

Una vez que tengamos una masa lisa, suave y sedosa, la cubrimos con un trapo húmedo y dejamos reposar 30 minutos.

Estiramos la pasta muy fina con un rodillo y la cortamos en dos placas iguales. Repartimos las bolitas de mozzarella de forma espaciada en una de las placas y ponemos una hojita de orégano fresco encima de cada una de ellas. Pintamos con agua alrededor de cada bola de mozzarella y ponemos la otra placa de pasta encima. Pegamos los bordes alrededor de la mozzarella, por ejemplo, con la ayuda del borde de un cortapastas, y cortamos los raviolis redondos con un cuchillo o un aro. La pasta que sobre se puede volver a amasar y estirar para hacer más raviolis.

LA SALSA. Calentamos el caldo de cocido. Agregamos el tomate seco cortado en juliana y las aceitunas Kalamata en dados pequeños. Cuando rompa el hervor, incorporamos los raviolis y los dejamos cocer unos 2 minutos. Para terminar, añadimos una nuez de mantequilla para acabar de ligar la salsa.

EL EMPLATADO. Servimos los raviolis en un plato hondo con la salsa y unas hojitas de hierbas aromáticas por encima.

EL TOQUE

Triturar harina con hierbas aromáticas es un truco para dar sabor y color a la pasta casera. Además, la cocción de los raviolis directamente en la salsa-caldo agiliza la receta y concentra más el sabor.

PASTA RELLENA AL HORNO

Si hablamos de pasta rellena con carne y gratinada,
todos pensamos en canelones, pero hay muchas más recetas
que elaborar a partir de estos elementos.

INGREDIENTES 150 g de macarrones grandes (schiaffoni), 50 g de salami,
100 g de salchicha, 100 g de espinacas, 2 chalotas, 40 g de almendra granillo,
100 g de queso ricotta, 8 ciruelas secas, 30 g de queso pecorino, Tomillo fresco, Salvia,
Perifollo, Aceite de oliva, Sal y pimienta .

LA PASTA. Hervimos la pasta en abundante agua con sal, siguiendo las instrucciones del envase. Una vez cocida, la escurrimos y la enfriamos sobre una bandeja fría.

EL RELLENO. Picamos las chalotas y las rehogamos en una cazuela con aceite de oliva. Incorporamos el salami picado junto con la carne de las salchichas sin piel y desmenuzada y lo sofreímos bien.

Cuando la carne esté bien dorada, agregamos la almendra granillo, tomillo fresco picado y ponemos a punto de sal. Incorporamos las ciruelas secas cortadas en trocitos y las espinacas y lo salteamos ligeramente durante 1 minuto. Para terminar, añadimos el queso ricotta, lo mezclamos bien y retiramos del fuego.

Rellenamos la pasta con el sofrito de carne ayudándonos con una cucharilla de café o una manga pastelera. Colocamos los macarrones de pie dentro de un aro grande. Espolvoreamos con abundante queso pecorino rallado y gratinamos en el horno hasta que esté dorado.

EL EMPLATADO. Retiramos el aro y espolvoreamos con salvia picada y unas hojas de perifollo.

EL TOQUE

El salami, embutido de origen italiano, aporta
un toque ahumado al relleno de carne que contrasta
con el dulzor de las ciruelas secas
y la almendra.

MACARRONES CON QUESO

Macarrones y queso, una combinación infalible y uno de los platos
más típicos de la gastronomía de Estados Unidos.

INGREDIENTES 150 g de macarrones, 350 g de calabaza, 200 g de caldo de ave,
150 g de queso mimolette, 40 g de queso crema, 20 g de mantequilla, 60 g de panceta, 1 cebolla,
3 ajos tiernos, Estragón, Aceite de oliva, Sal y pimienta.

PREVIAMENTE. Para poder preparar la pasta, necesitamos tener la calabaza asada. Para ello, pelamos y cortamos la calabaza en dados. La colocamos sobre un trozo grande de papel de horno y la aderezamos con sal, pimienta, aceite de oliva y estragón picado. Cerramos el papel como si fuera un paquete, lo envolvemos con papel de aluminio y horneamos 45 minutos a 180 ºC.

LA SALSA. Trituramos en el vaso de la batidora los dados de calabaza asada, el queso crema, el caldo de ave y unos 30 ml de aceite de oliva. Ponemos la mezcla en un cazo al fuego y añadimos el queso mimolette rallado. Calentamos hasta que se funda el queso.

LA PASTA. Cortamos la cebolla en juliana. Fundimos la mantequilla en la sartén, pochamos la cebolla hasta que esté dorada y la retiramos.

En la misma sartén, salteamos la panceta y los ajos tiernos cortados en trocitos. Cuando empiecen a tomar color, incorporamos de nuevo la cebolla y removemos bien.

Cocemos la pasta siguiendo las instrucciones del envase. Escurrimos y la incorporamos a la sartén con la cebolla y la panceta. Removemos bien y añadimos la salsa de queso y calabaza. Ponemos la pasta en una fuente para horno, espolvoreamos con más queso rallado y gratinamos hasta que esté dorado.

EL EMPLATADO. Servimos la pasta con estragón picado por encima.

EL TOQUE

La calabaza asada adquiere una consistencia más melosa que si la cocemos o salteamos. Es una forma de cocción que también realza su sabor y dulzor.

RACIONES

2

TIEMPO

15 minutos
de preparación,

5 minutos
de cocción

GARBANZOS CON ESPINACAS

Tapa popular en muchos bares del sur de España,
los garbanzos con espinacas son una receta sencilla,
humilde y económica pero muy sabrosa.

INGREDIENTES 150 g de garbanzos cocidos, 80 g de bacalao ahumado, 50 g de panceta,
30 g de espinacas frescas, 2 tomates, Sal y pimienta. **Vinagreta:** 4 anchoas, Comino, Limón, Miel, Cebollino,
Aceite de oliva virgen extra, Vinagre.

LOS GARBANZOS. Escurrimos bien los garbanzos cocidos. Cortamos la panceta en trozos pequeños. Calentamos un poco de aceite de oliva en una sartén y salteamos a fuego vivo los garbanzos junto con la panceta durante unos cinco minutos o hasta que estén dorados. Los reservamos en un plato, con cuidado para que no se deshagan.

EL TOMATE. Rallamos los tomates y ponemos la pulpa a escurrir en un colador. Reservamos el agua de tomate por un lado y aliñamos la pulpa con aceite de oliva, unas gotas de zumo de limón, una pizca de miel, sal y pimienta.

LA VINAGRETA. Picamos los filetes de anchoa y el cebollino. Los mezclamos en un bol junto con el resto del zumo de limón, un poco de comino al gusto, un par de cucharadas del agua del tomate que hemos reservado, aceite de oliva y vinagre. En general, para las vinagretas la proporción ideal es tres partes de aceite por una de vinagre.

EL EMPLATADO. Ponemos el tomate rallado en la base del plato. Distribuimos encima las láminas de bacalao ahumado, cubrimos con las hojas de espinaca frescas y, encima, los garbanzos salteados. Terminamos aliñando todo el conjunto con la vinagreta.

EL TOQUE

La panceta con la que salteamos los garbanzos
contrasta con el bacalao ahumado, dos sabores salinos
que proporcionan al plato una potencia espectacular.
La pulpa de tomate bien aliñada es un buen recurso
para dar un toque diferente a las ensaladas.

POTAJE DE GARBANZOS VEGETARIANO

La Cuaresma es la época del año en la que el potaje goza de mayor aceptación, aunque se consume durante todo el año. Siempre ha resultado un plato muy popular porque proporciona una alimentación completa y económica.

INGREDIENTES 120 g de garbanzos, 1 cebolla, 2 dientes de ajo, ½ pimiento rojo, 2 tomates, 1 rama de tomillo, 1 cucharada de pimentón de la Vera, 1 pizca de cayena, 50 g de algas: kombu, lechuga de mar y musgo irlandés, Aceite de oliva, Sal y pimienta.

PREVIAMENTE. Ponemos los garbanzos en remojo con agua fría y los dejamos en la nevera desde la noche anterior.

LOS GARBANZOS. Cocemos los garbanzos que hemos tenido en remojo en agua hirviendo sin sal durante 90 minutos. Una vez cocidos, escurrimos y reservamos el agua de cocción.

EL AQUAFABA. El aquafaba es el líquido reducido de cocer legumbres. Ponemos el caldo de cocción de los garbanzos en una olla a fuego medio-alto hasta obtener una textura gelatinosa y de color amarronado. Reservamos medio litro de esta aquafaba.

EL GUISO. Pochamos la cebolla y los ajos picados en una cazuela con aceite de oliva. Cuando estén bien pochados, incorporamos el pimiento rojo picado y una rama de tomillo. Agregamos el pimentón de la Vera y la cayena molida y mezclamos. Cortamos la cocción con los tomates triturados y dejamos cocinar hasta que se evapore el agua del tomate.

Una vez que tenemos un sofrito bien seco, incorporamos los garbanzos cocidos y un poco de sal. Mezclamos bien y mojamos con el aquafaba. Finalmente, añadimos las algas y acabamos de cocinar durante unos minutos.

EL EMPLATADO. Servimos el potaje en un plato hondo.

EL TOQUE

El aquafaba es un espesante y gelificante natural que en muchas elaboraciones dulces se utiliza como sustituto de la clara de huevo. Resulta idóneo para dar una textura suave y gelatinosa al guiso.

CAPARRONES CON SUS SIETE SACRAMENTOS

Los caparrones con sacramentos es un plato
emblemático de la cocina riojana, unas alubias rojas que se acompañan
con los productos obtenidos de la matanza del cerdo.

INGREDIENTES 350 g de caparrones (alubias rojas riojanas), 1 pie de cerdo adobado,
1 oreja de cerdo adobada, 200 g de costilla de cerdo adobada, 100 g de panceta de cerdo curada, 1 chorizo riojano,
1 morcilla riojana, 1 cebolla, ½ cabeza de ajos, 1 pimiento choricero, 1 cucharada de pimentón, 1 cucharada de harina,
4 dientes de ajo, 20 ml de vinagre blanco, Laurel, Perejil, Aceite de oliva, Sal y pimienta.

PREVIAMENTE. Ponemos los caparrones en remojo con agua fría la noche anterior.

LOS CAPARRONES. Escurrimos los caparrones que tenemos en remojo y los pasamos a una olla con 1 litro de agua fría, la cebolla cortada por la mitad con parte de la raíz, media cabeza de ajos de la parte de la raíz, el laurel, el pimiento choricero y sal. En cuanto hierva, añadimos agua fría y dejamos cocer a fuego lento 90 minutos. Vamos añadiendo agua fría de vez en cuando durante la cocción para «asustarlos» y que no pierdan la piel.
Una vez cocidos los caparrones, retiramos la cebolla, el ajo y el pimiento.

LOS SACRAMENTOS. En una olla rápida, ponemos el pie y la oreja de cerdo, la costilla, la panceta y el chorizo. Cubrimos a ras con agua y cerramos la olla. Cocinamos 45 minutos. Si usamos la olla tradicional, necesitaremos bastante más tiempo, 2 horas y media.

Cuando las carnes estén cocidas, retiramos la grasa que se ha acumulado en la superficie, vertemos parte del caldo en la olla de los caparrones y los cocemos 5 minutos más. Cocinamos la morcilla a la brasa o a la plancha. Añadimos las carnes cocidas y la morcilla asada a la olla con los caparrones.

EL REFRITO. Sofreímos un par de dientes de ajo laminados en una sartén con aceite de oliva. Incorporamos la harina, rehogamos y añadimos el pimentón y un chorrito de vinagre. Vertemos el sofrito en la olla de los caparrones y movemos sin cuchara, meneando la olla. Ponemos a punto de sal.
Finalmente, machacamos los otros dos ajos en el mortero junto con el perejil y también lo incorporamos a la olla.

EL EMPLATADO. Servimos las carnes cortadas en dados en la base de un plato hondo y los caparrones caldosos encima. Terminamos el plato con un chorrito de aceite de oliva.

EL TOQUE

El vinagre y el majado de ajo y perejil aportan
un toque fresco al guiso que ayuda a contrarrestar
la contundencia de los coparrones.

RACIONES

2

TIEMPO

12 horas
de remojo,

3 horas
de cocción

FABES CON ALMEJAS

Las fabes con amasueles, como se conocen en Asturias, es uno de los platos más característicos de la gastronomía del Principado. Consta básicamente de dos ingredientes, fabes y almejas, por lo que es muy importante la calidad de la materia prima.

INGREDIENTES 300 g de fabes secas, 400 g de almejas, ½ cebolla, 4 dientes de ajo, 2 tomates, 80 ml de vino blanco seco, 8 hebras de azafrán, 1 cucharada de harina, 1 hoja de laurel, Lima, Perejil, Aceite de oliva, Sal y pimienta.

PREVIAMENTE. Ponemos las fabes en remojo en agua mineral 12 horas antes de cocinarlas. En caso de tener fabes tiernas, en temporada, no hace falta remojarlas y se cocinan en solo 45 minutos.
Ponemos las almejas en un bol con agua fría y un buen puñado de sal. Las dejamos 1 hora para que suelten la arena que puedan tener.

LAS FABES. Escurrimos las fabes y las pasamos a una olla, las cubrimos con agua fría, añadimos una hoja de laurel, sal y las cocemos a fuego suave durante 3 horas desde que empiece a hervir. Vamos retirando la espuma que se forma en la superficie y añadimos agua fría de vez en cuando para que no se revienten. Removemos siempre con movimientos circulares de la olla, sin cuchara.

EL GUISO. Sofreímos la cebolla y los ajos picados en una cazuela con un poco de aceite de oliva. Agregamos el azafrán y seguimos rehogando. Añadimos una cucharada de harina y cocemos durante un par de minutos para que pierda el sabor a crudo. Mojamos con vino blanco e incorporamos las almejas. Dejamos cocinar hasta que se abran. Vertemos las alubias cocidas en la cazuela de las almejas y movemos un poco, sin cuchara, para que no se rompan.

EL EMPLATADO. Pelamos y retiramos las semillas de los tomates. Cortamos la pulpa en dados pequeños, en *concassé*.
Servimos las fabes con perejil picado, el tomate, unas gotas de zumo de lima y un chorrito de aceite de oliva por encima.

EL TOQUE

Las alubias pueden resultar un plato contundente, por lo que buscamos ingredientes frescos: perejil picado, tomate y unas gotas de zumo de lima o de limón para aligerarlas.

RACIONES

2

TIEMPO

5 minutos
de preparación,

90 minutos
de cocción

LENTEJAS EN BOTE

La lentejas guisadas son el fondo de armario de cualquier cocina,
un plato de cuchara que nunca pasa de moda y gran fuente de proteínas.

INGREDIENTES 150 g de lentejas pardinas, 1 zanahoria, ¼ de pimiento verde,
¼ de pimiento rojo, ½ cebolla, 40 g de panceta, 40 g de chorizo, 40 g de butifarra negra o morcilla,
1 hoja de laurel, 1 ramillete de tomillo, 300 ml de caldo de ave, Perejil, Sal y pimienta.

LA PREPARACIÓN. Metemos las lentejas pardinas en un bote de cierre hermético. Cortamos en trozos grandes las verduras: la zanahoria, la cebolla, los pimientos rojo y verde, y las incorporamos al bote con las lentejas. Agregamos el laurel, la rama de tomillo, sal y pimienta. Finalmente, troceamos las carnes: panceta, chorizo y butifarra negra o morcilla, y también las añadimos al bote.
Cubrimos con caldo de ave y cerramos bien.

LA COCCIÓN. Colocamos un trapo en la base de una olla alta. Ponemos el bote con todos los ingredientes encima del trapo y cubrimos con agua fría. Tapamos y cocemos a fuego suave durante 90 minutos.
Una vez cocidas las lentejas, sacamos el bote de la olla y dejamos que se temple a temperatura ambiente.

EL EMPLATADO. Abrimos el bote y vertemos el contenido en un plato hondo. Decoramos con un poco de perejil picado por encima.

EL TOQUE

Cocinar sin ensuciar es el sueño de muchos amantes de la cocina. Al hacerlo en un bote hermético al baño maría, además de no ensuciar, obtenemos un guiso más sabroso, de sabores mucho más concentrados.

TAPAS, PIZZAS Y BOCADILLOS

DOBLE TORTILLA

La tapa más solicitada en bares y restaurantes para desayunar, comer, merendar o cenar.
Cualquier momento del día es bueno para disfrutar de una buena tortilla.

INGREDIENTES 6 huevos, 1 patata, 40 g de sobrasada, 1 pimiento rojo,
1 pimiento verde, 100 g de espinacas, 8 tirabeques, 4 espárragos verdes, ¼ de romanesco,
1 cucharada de pimentón, 1 cucharada de tomate concentrado, 1 barra de pan, Queso rallado,
Hierbas aromáticas al gusto, Aceite de oliva virgen extra, Sal y pimienta.

LA TORTILLA ROJA. Pelamos y cortamos la patata en lascas y la ponemos a confitar junto con el pimiento rojo cortado pequeño en una sartén con bastante aceite. Cuando esté todo bien confitado, añadimos la sobrasada. Mezclamos bien para integrar todos los ingredientes y escurrimos el exceso de aceite. Reservamos.

Batimos tres huevos con el pimentón, el tomate concentrado, sal y pimienta. Añadimos la patata con pimiento y sobrasada y removemos.

LA TORTILLA VERDE. Escaldamos las espinacas durante 1 minuto y medio. Seguidamente las pasamos a un bol con agua y hielo, las escurrimos y las trituramos en el vaso de la batidora con los tres huevos restantes. Cortamos el pimiento verde, los tirabeques, el romanesco y los espárragos verdes en trocitos pequeños. Pochamos todas las verduras juntas en una sartén con aceite.

Una vez pochadas las verduras, escurrimos el aceite y las mezclamos con los huevos que hemos triturado con las espinacas y reservamos.

LAS TORTILLAS. Vertemos cada una de las mezclas en una sartén antiadherente y cocinamos a fuego suave. Cuando se hayan cuajado por la parte de abajo, damos la vuelta a una de las tortillas con la ayuda de un plato y la pasamos a la sartén de la otra tortilla, uniendo así las dos tortillas. Acabamos de cuajar la tortilla de dos colores.

LAS TOSTADAS. Cortamos unas rebanadas de pan de barra. Espolvoreamos las rebanadas con queso rallado, hierbas aromáticas, aceite, sal y pimienta y las tostamos en el horno con el grill.

EL EMPLATADO. Servimos las tortillas acompañadas de las tostadas

EL TOQUE

La gracia de esta receta está en que es
una sola tortilla pero de dos colores y dos sabores.
Para diferenciar todavía más las dos tortillas utilizamos
«colorantes» naturales: tomate concentrado, pimentón
y sobrasada para la roja y espinacas trituradas junto
con el huevo para la verde.

HUEVOS
CON JAMÓN Y PATATAS

Huevos, patatas y jamón, tres ingredientes comunes
que unidos dan lugar a un plato excepcionalmente sabroso.

INGREDIENTES 2 huevos de corral, 2 patatas agrias, 60 g de jamón en lonchas,
2 espárragos verdes, 2 lonchas de papada ibérica curada, Aceite de oliva, Vinagre, Sal y pimienta.
Salsa de jamón: 500 ml de caldo de jamón, 100 ml de nata.

LA SALSA DE JAMÓN. Ponemos el caldo de jamón en un cazo con la nata y dejamos reducir a fuego suave hasta que adquiera una textura de salsa. Una forma fácil de obtener un caldo de jamón es poner un hueso a infusionar en un caldo de ave durante unos 20 minutos.

LAS PATATAS. Pelamos y cortamos las patatas en láminas con la mandolina y luego en tiras con el cuchillo. Secamos las tiras con papel absorbente y cubrimos con ellas la base de un colador. Aprisionamos con otro colador encima para hacer una forma de nido. Freímos, con el colador incluido, en aceite de oliva suave muy caliente para que quede un nido bien crujiente. Retiramos y dejamos escurrir sobre papel absorbente.

LOS ESPÁRRAGOS. Lavamos y cortamos los espárragos en trozos. Los salteamos en una sartén con un poco de aceite de oliva y sal.

LOS HUEVOS. Calentamos una olla pequeña con agua, sal y un chorrito de vinagre. Cascamos los huevos y los cocemos en el agua cuando hierva de forma suave. Los dejamos unos 3 o 4 minutos hasta que la clara esté cuajada y la yema líquida. Los escurrimos y reservamos encima de papel absorbente.

EL EMPLATADO. Cubrimos la base del plato con la salsa de jamón. En el centro colocamos el nido de patatas paja y lo rellenamos con el jamón cortado en juliana. Ponemos encima los espárragos y el huevo pochado. Terminamos con unas lonchas de papada ibérica curada.

EL TOQUE

El caldo de jamón reducido con nata da una salsa untuosa y sabrosa que sirve para los platos en los que se quiera dar protagonismo al jamón. Presentar las patatas paja es fácil, pero si no tenemos colador se pueden freír y disponer en forma de nido.

HUEVOS RELLENOS DE SALMÓN

Los huevos rellenos son otro de los grandes clásicos de la cocina española que muchos hemos disfrutado en nuestra infancia. Los posibles rellenos son incontables y se pueden comer tanto fríos como calientes.

INGREDIENTES 250 g de salmón fresco, 1 puerro, 50 ml de vino blanco, 300 ml de nata, 100 g de queso rallado, Aceite de oliva, Sal y pimienta. Bechamel: 25 g de mantequilla, 20 g de harina, 400 ml de leche, Cebollino, Eneldo.

LOS HUEVOS. Cocemos los huevos con cáscara en una olla con agua hirviendo durante 10 minutos. Los pelamos, los abrimos por la mitad y extraemos las yemas.

EI RELLENO. Picamos el puerro y lo pochamos en una cazuela con aceite de oliva. Añadimos el salmón cortado en dados y rehogamos. Incorporamos el vino blanco y la nata y reducimos un poco para que espese.
Retiramos del fuego, pasamos el relleno a un bol y mezclamos los ingredientes apretando un poco con la ayuda de unas varillas. Agregamos las yemas cocidas y ralladas, sal y pimienta y acabamos de mezclar.

LA BECHAMEL. Derretimos la mantequilla en una cazuela. Incorporamos la harina y removemos bien mientras se cocina durante 1 minuto y medio para hacer el roux. Agregamos la leche caliente y seguimos removiendo hasta obtener una bechamel espesa. Retiramos del fuego, añadimos el cebollino y el eneldo picados y trituramos con la batidora.

EL GRATINADO. Rellenamos las claras de los huevos con la ayuda de una cuchara. Colocamos los huevos rellenos en una fuente de horno, los cubrimos con la bechamel, espolvoreamos con queso rallado y gratinamos unos minutos en el horno caliente.

EL TOQUE

El eneldo y el cebollino son hierbas habituales en las preparaciones con salmón porque su aroma fresco y anisado suaviza la textura grasa del pescado. Una buena manera de introducir estas hierbas es aromatizando con ellas la bechamel.

«SERRANILLO»

El serranito de lomo es uno de los bocadillos más populares
en el sur de España. Originalmente es un mollete con lomo de cerdo,
pimientos fritos y jamón que se sirve acompañado de patatas fritas.

INGREDIENTES 1 solomillo de cerdo, 100 g de jamón ibérico, 2 pimientos verdes italianos,
50 g de queso de cabra payoya. **Masa de pizza:** 200 g de harina de fuerza, 125 ml de vino manzanilla,
30 ml de aceite de oliva, 15 g de sal, Tomillo fresco.

LA MASA DE PIZZA. Mezclamos la harina de fuerza con la manzanilla, el aceite de oliva, la sal y el tomillo picado. Amasamos bien hasta que la masa esté lisa y con una textura parecida al cuero. La dejamos reposar 30 minutos tapada con un paño.

LOS PIMIENTOS. Abrimos los pimientos a lo largo, retiramos las semillas y los cortamos en tiras. Calentamos una sartén con aceite y salteamos ligeramente los pimientos. No es necesario cocinarlos demasiado porque luego acabaremos el bocadillo en el horno.

EL SOLOMILLO. Cortamos el solomillo de cerdo en filetes finos, los salpimentamos y marcamos en la sartén bien caliente con unas gotas de aceite.

EL «SERRANILLO». Una vez reposada la masa de pizza, la estiramos con la ayuda de un rodillo sobre una superficie enharinada. Cuando la tengamos bien fina, espolvoreamos el centro con queso de cabra payoya rallado. Colocamos encima los filetes marcados de solomillo, luego las lonchas de jamón ibérico y, finalmente, las tiras de pimiento frito.
Cortamos los sobrantes de masa de los bordes y la enrollamos formando un rulo. Le damos solo una vuelta para que no quede una capa de pan demasiado gruesa. Horneamos 20 minutos a 220 °C.

EMPLATADO. Cortamos el bocadillo por la mitad al bies.

EL TOQUE

El solomillo y la manzanilla, el vino blanco
y seco elaborado con uva palomino en las bodegas
de Sanlúcar de Barrameda, se unen en esta
receta para hacer un «serranillo» sumamente
aromático y crujiente.

TORTA
DE ACEITE

El pan con aceite es una de las combinaciones más sencillas y perfectas que existen.
Por ejemplo, las populares tortas de aceite de Aranda, las cocas mediterráneas o las «focaccias» italianas.

INGREDIENTES 250 g de harina, 150 ml de agua, 10 g de levadura fresca, 130 ml de aceite de oliva virgen extra, 20 g de hierbas aromáticas (al gusto), 10 g de sal, 2 tomates, 1 pimiento , 1 cebolla, 30 g de olivada, 50 g de virutas de jamón, 60 g de setas en escabeche o frescas.

LA TORTA. Disolvemos la levadura y la sal con el agua. La mezclamos con la harina y las hierbas aromáticas y amasamos. A mitad del proceso, añadimos el aceite y acabamos de amasar hasta que la masa quede lisa y suave. La dejamos reposar 1 hora tapada con un paño húmedo.
Una vez reposada, damos forma a la torta de aceite y dejamos fermentar de nuevo durante dos horas.
Finalmente, horneamos la torta a 190 °C durante 20 minutos.

EL RELLENO. Asamos el pimiento y la cebolla en el horno a 190 °C durante 45 minutos. Una vez asadas las verduras, las pelamos y cortamos en tiras. Por otro lado, cortamos el tomate fresco en rodajas.
Untamos la torta de pan con olivada y colocamos encima las rodajas de tomate, las tiras de pimiento y cebolla y unas cuantas setas escabechadas o, si no tenemos, unas setas salteadas con un poco de aceite. Terminamos la torta con unas virutas de jamón.

EL TOQUE

La olivada, una crema de aceitunas
y aceite, da sabor y sobre todo jugosidad
a la torta.

EMPANADA DE ZAMBURIÑAS

La empanada es uno de los iconos de la gastronomía gallega.
De masa crujiente y fina, se puede rellenar tanto de carne
como de pescado, marisco o verduras.

INGREDIENTES 10 zamburiñas, 4 pimientos del piquillo, 1 cebolla, ½ pimiento rojo, 100 g de tomate frito, 40 ml de vino albariño, 2 huevos duros, 1 hoja de salvia, 1 huevo, Manteca de cerdo (para pintar).
La masa: 500 g de harina, 120 ml de aceite de girasol, 30 g de pimientos del piquillo y el agua de la conserva, 100 ml de leche entera, 1 yema de huevo, Sal.

LA MASA. Trituramos los pimientos del piquillo escurridos hasta obtener un puré fino.

En un bol, ponemos la harina, el aceite de girasol, la leche entera, el puré de piquillos, el agua de la conserva y una pizca de sal. Mezclamos bien con una espátula y, cuando coja consistencia, amasamos con las manos hasta obtener una masa fina. Añadimos un poco más de harina si es necesario.

Dejamos reposar la masa unos treinta minutos tapada con un paño.

EL RELLENO. Sacamos las zamburiñas de las conchas y separamos el coral de la nuez. Las cortamos en dados y las salteamos en una sartén con un poco de aceite de oliva, sal y pimienta.

Retiramos las zamburiñas y, en la misma sartén, rehogamos el pimiento rojo y la cebolla picados. A continuación añadimos los pimientos del piquillo y el huevo duro cortados en dados pequeños y acabamos de rehogar. Final-

mente, volvemos a poner las zamburiñas, el tomate frito y la salvia picada. Removemos un par de minutos, apagamos el fuego y enfriamos el relleno en un recipiente en la nevera.

LA EMPANADA. Estiramos la masa con el rodillo y un poco de harina para que no se pegue.

Fundimos la manteca de cerdo en una sartén y pintamos con ella la masa.

Necesitamos dos cortapastas, uno más grande que el otro. Cortamos dos porciones con el cortapastas grande y cubrimos con ellas dos moldes de quiche individuales. Ponemos el relleno dentro y tapamos con otras dos porciones cortadas más pequeñas. Retiramos los bordes sobrantes, pintamos con la grasa de cerdo y luego con yema de huevo. Pinchamos con un palillo para que respire la masa y horneamos a 180 ºC durante 20 minutos.

EL EMPLATADO. Desmoldamos las empanadas individuales y dejamos enfriar.

EL TOQUE

El pimiento del piquillo, conocido como el oro rojo de Lodosa, está disponible todo el año en conserva y es uno de los ingredientes habituales en empanadas y empanadillas. Pero siempre en el relleno, no integrados en la masa.

PIZZA SUFLADA

La versión napolitana más básica de la pizza a base de masa horneada, tomate y queso se ha convertido en una preparación global con infinitas interpretaciones.

INGREDIENTES 600 g de harina de fuerza, 200 g de agua, 80 g de aceite de oliva, 2 huevos, 100 ml de salsa de tomate, 100 g de pepperoni (salami picante), 100 g de mozzarella, 2 dientes de ajo, 100 ml de grappa, Orégano seco. **Ensalada:** 50 g de rúcula, 8 nueces, 1 manzana ácida, 2 piparras, 6 tomates cherry, Limón, Aceite de oliva, Sal y pimienta. **Extra:** Bomba de hinchar ruedas de bicicleta o una caña.

LA PIZZA. Mezclamos en un bol la harina con el agua tibia, el aceite de oliva, los huevos y sal. Amasamos bien hasta conseguir una masa homogénea. Dejamos reposar 1 hora fuera de la nevera.

Dividimos la masa en cuatro porciones y las estiramos con el rodillo y un poco de harina. Cortamos las cuatro porciones iguales con la ayuda de un molde o plato. Colocamos dos de las bases en una fuente forrada con papel de horno y repartimos la salsa de tomate por la superficie, dejando libres los márgenes. Distribuimos el queso rallado, el ajo picado, el orégano seco y el pepperoni por encima del tomate.

Pintamos los bordes de la masa con un poco de agua. Colocamos la boquilla de una bomba de bicicleta (o una caña) en un extremo, tapamos con la otra parte de la masa y sellamos los bordes hasta llegar a la boquilla o caña. Introducimos aire hasta que se hinche la masa superior y quitamos la bomba con cuidado, cerrando bien

el borde mientras la retiramos. Repetimos la operación con la otra pizza.

Horneamos las dos pizzas a 220 °C durante 15 minutos cada una.

Recién salidas del horno, las rociamos con grappa caliente y flambeamos. Cortamos la parte superior de la pizza, a la altura de los bordes, y le damos la vuelta para tener un cuenco comestible de masa de pizza.

LA ENSALADA. Mezclamos en un bol la rúcula con las nueces, los tomates cherry cortados por la mitad, la piparra en juliana y la manzana pelada y cortada en dados. Sazonamos con sal, pimienta, aceite de oliva y un chorro de limón. Pasamos la ensalada aliñada al cuenco comestible.

EL EMPLATADO. Servimos la pizza por un lado y el cuenco comestible con la ensalada por otro.

EL TOQUE

Los huevos y el aceite de oliva dan como resultado una masa de pizza mucho más flexible, sin levadura, perfecta para que se hinche durante la cocción en el horno y no se rompa.

PIZZA
DE COLIFLOR

La base de la pizza clásica es una masa hecha con harina,
agua, sal, levadura y aceite de oliva. Esta masa es la base
de casi todas las pizzas del mundo.

INGREDIENTES 1 coliflor, 2 dientes de ajo, 1 cucharadita de orégano seco, 1 huevo,
1 cucharada de queso crema, 4 filetes de anchoa, 4 tomates cherry de pera, ½ pimiento rojo, ½ pimiento verde,
Nuez moscada, Unas hojas de rúcula, Orégano fresco, Aceite de oliva, Sal y pimienta.
Carbonara: ½ cebolla, 80 g de panceta curada, 100 g de queso manchego, 100 ml de nata, 2 yemas de huevo.

PREVIAMENTE. Asamos los pimientos en el horno a 220 °C durante 30 minutos. Una vez asados, los pelamos y cortamos en tiras.

LA MASA DE LA PIZZA. Trituramos la coliflor con el robot o la picadora y la secamos bien entre dos paños. En un bol, ponemos el ajo muy picado, la nuez moscada rallada, orégano seco, sal, pimienta, el queso crema y el huevo. Mezclamos bien con la ayuda de unas varillas y añadimos la coliflor. Acabamos de mezclar hasta obtener una masa homogénea.
Extendemos la masa sobre una bandeja forrada con papel de horno y presionamos con una cuchara hasta conseguir una pasta compacta y fina. Horneamos a 220 °C durante 10 minutos.

LA CARBONARA. Doramos la panceta cortada en tiras en una sartén con un poco de aceite de oliva. Añadimos la cebolla picada y acabamos de rehogar. Ponemos a punto de sal y pimienta e incorporamos la nata. Cuando hierva, retiramos del fuego, agregamos las yemas de huevo y mezclamos enérgicamente con una cuchara. Sacamos la masa del horno, repartimos el queso manchego rallado, la carbonara por encima y más manchego rallado. Terminamos con tomates cherry abiertos por la mitad. Volvemos a meter la pizza en el horno y gratinamos durante unos 3 minutos.

EL EMPLATADO. Fuera del horno, decoramos la pizza con las tiras de pimiento asado, las anchoas cortadas en trocitos, unas hojas de rúcula y un poco de orégano fresco.

EL TOQUE

La coliflor triturada adquiere una consistencia
perfecta para masas. Esta masa sin harina es ideal
para personas con intolerancia al gluten y para
introducir la coliflor en la dieta de los niños.

PIZZA DE PAELLA

La paella valenciana, o paella sin más, es una receta de arroz seco con productos de la huerta de Valencia y carne blanca.

INGREDIENTES 180 g de harina de arroz, 100 ml de agua, 1 huevo, 1 cucharada de levadura química, 1 cucharadita de tomillo seco, 2 contramuslos de pollo, 100 g de judía perona, 4 alcachofas, 2 chalotas, 2 dientes de ajo, 1 cucharadita de pimentón, 3 tomates, 8 garrofones cocidos, 150 g de mozzarella, Orégano seco y fresco, Aceite de oliva, Sal.

LA MASA. Mezclamos la harina de arroz con el agua, el huevo, sal, tomillo seco, la levadura química y una cucharada de aceite de oliva. Espolvoreamos la masa con harina de arroz y la estiramos con las manos sobre un papel de horno. Horneamos durante 8 minutos a 180 ºC.

LA PIZZA. Cortamos los contramuslos de pollo sin hueso en tiras y los salteamos en la sartén junto con las alcachofas limpias y troceadas y las judías verdes cortadas en trozos pequeños. Retiramos y reservamos.
En la misma sartén, sofreímos las chalotas y un diente de ajo picados junto con los tomates triturados y el pimentón. Dejamos reducir el sofrito hasta que esté bien concentrado.
Sacamos la pizza del horno y lo subimos a 210 ºC. Pintamos la base de la pizza con el sofrito y repartimos por encima las alcachofas, las judías, las tiras de pollo y los garrofones cocidos. Espolvoreamos con el resto del ajo picado, cubrimos con mozzarella y terminamos con orégano seco. Horneamos de nuevo durante 9 minutos más.

EL EMPLATADO. Decoramos la pizza con unas hojas de orégano fresco.

EL TOQUE

En esta pizza sustituimos la harina de trigo por harina de arroz, que es uno de los pocos cereales sin gluten. Además del arroz, jugamos con los ingredientes de la paella tradicional para el relleno: pollo, judías, garrofones...

LOMO CON QUESO

Uno de los bocadillos calientes más habituales en los bares es la combinación de lomo de cerdo a la plancha con queso fundido y el pan ligeramente tostado.

INGREDIENTES 12 rebanadas de pan de molde integral, 20 lonchas de lomo ibérico curado, 80 g de queso camembert, 80 g de queso gorgonzola, 6 aceitunas negras, 6 tomates secos, 1 huevo, Tomillo y romero, Canónigos, 4 pimientos del piquillo, 6 tomates cherry, Vinagre de jerez, Aceite de oliva, Sal. **Vinagreta:** 100 ml de aceite de hierbas (véase p. 24, receta ensalada César), 20 ml de vinagre de jerez, 1 diente de ajo.

EL PAN. Retiramos la corteza de las rebanadas de pan y batimos el huevo.
Ponemos las rebanadas encima de papel film, ligeramente superpuestas pintando con huevo ahí donde se juntan para que se peguen bien. Hacemos tres filas de cuatro rebanadas. Lo tapamos con papel film por encima y lo estiramos bien con el rodillo para que quede un cuadrado fino y bien pegado.

LA VINAGRETA. Mezclamos el aceite de hierbas con el vinagre y el ajo triturado.

EL BOCADILLO. Colocamos el queso camembert en rodajas en tres filas encima del pan estirado. En medio distribuimos el gorgonzola.
Encima ponemos las aceitunas y los tomates secos troceados y las hierbas aromáticas picadas.

Finalmente ponemos el lomo embutido ibérico y enrollamos con la ayuda del film que tenemos debajo. Colocamos el bocadillo en una bandeja de horno encima de papel sulfurizado y lo pintamos bien con la vinagreta. Lo horneamos a 180 ºC durante 25 minutos.

LA ENSALADA. Limpiamos los canónigos, cortamos el pimiento del piquillo en daditos y los tomates cherry por la mitad. Ligamos un poco del agua de los pimientos con aceite de oliva y un chorro de vinagre de jerez con unas varillas. Mezclamos las verduras y las aliñamos con la vinagreta y sal.

EL EMPLATADO. Servimos el bocadillo cortado por la mitad con la ensalada para acompañar.

EL TOQUE

El pan de molde permite muchas preparaciones más allá del clásico sándwich, por ejemplo, se puede estirar y enrollar. Podemos usar nuestros quesos preferidos para este bocadillo, pero la combinación de queso azul y queso cremoso le va muy bien al embutido de lomo.

BOMBA
DE TORTA DEL CASAR

La bomba es una de las reinas de las tapas.
Esta croqueta de patata rellena de carne y salsa picante se creó
en el barrio barcelonés de la Barceloneta.

INGREDIENTES 400 g de patatas, 2 cucharadas de Torta del Casar,
1 cucharadita de pimentón de la Vera, 2 chalotas, ½ magret de pato, 100 ml de oporto, 1 huevo, Panko,
Aceite picante, Aceite de oliva, Sal y pimienta.

PREVIAMENTE. Es importante sacar el queso de la nevera unas horas antes de cocinar las bombas para que se atempere y adquiera una textura cremosa.

EL PURÉ DE PATATA. Lavamos las patatas y las cocemos enteras en agua con sal durante unos treinta minutos. Una vez cocidas, pelamos las patatas y las pasamos por el pasapurés. Mezclamos bien el puré con la Torta del Casar a temperatura ambiente, pimentón, sal y pimienta. Reservamos en la nevera para formar luego las bombas.

EL RELLENO. Separamos la grasa de la carne del magret y la cortamos en daditos. Fundimos la grasa en una sartén caliente. Añadimos la chalota picada y la pochamos. Una vez cocida, incorporamos el magret de pato también picado con el cuchillo. Incorporamos el oporto y dejamos reducir hasta tener un sofrito bien seco.

LAS BOMBAS. Nos untamos las manos con un poco de aceite para que no se nos pegue. Tomamos una porción de puré de patata y formamos una bola en la palma de la mano. Hacemos un agujero en medio, rellenamos con el sofrito de magret y cerramos con un poco más de puré, dando de nuevo una forma redonda. Repetimos la operación hasta acabar el puré. Pasamos las bombas por huevo batido y panko para rebozarlas. Si no encontramos panko podemos usar pan rallado. A continuación, las freímos en aceite bien caliente. Las retiramos de la sartén y las escurrimos sobre papel absorbente.

EL EMPLATADO. Servimos las bombas con unas gotas de aceite picante por encima.

EL TOQUE

La Torta del Casar, el pimentón de la Vera
y el vino de oporto proceden de la parte
occidental de la península ibérica, concretamente
de Extremadura y Portugal. Combinan a la perfección
entre ellos y también con la carne de pato que
sustituye el cerdo en esta bomba.

PINCHO MORUNO
DE ATÚN

El pincho moruno es una herencia árabe
muy arraigada en nuestro país, donde se elabora con todo tipo de carnes.

INGREDIENTES 500 g de atún, 1 cucharadita de pimentón, 5 hebras de azafrán, 1 cucharadita de curry,
1 cucharadita de canela, 1 cucharadita de comino, 1 cucharadita de cebolla en polvo, 1 cucharadita de ajo en polvo,
½ lima, Aceite de oliva, Sal y pimienta, Hierbas aromáticas frescas (hinojo, tomillo, perifollo, cebollino).
Alioli de ajos tiernos: 4 ajos tiernos, 1 huevo, 1 cucharadita de pimentón, Lima, Aceite de oliva.

EL MARINADO. Cortamos el atún en dados y lo pasamos a un recipiente de vidrio. Añadimos las especias: pimentón, azafrán, curry, canela, comino, cebolla y ajo en polvo. Agregamos el zumo y la ralladura de media lima, aceite de oliva, sal y pimienta. Mezclamos bien para que se impregne, tapamos y dejamos marinar en la nevera durante 3 horas.

EL ALIOLI. Cortamos los ajos tiernos y los salteamos en una sartén con aceite. Los pasamos al vaso de la batidora junto con el aceite de saltear. Añadimos el huevo,

sal, pimienta, pimentón, un poco de zumo de lima y un poco más de aceite de oliva. Batimos hasta que emulsione y tenga la textura de mayonesa.

EL PINCHO. Retiramos el atún del macerado y ensartamos los dados de pescado en las brochetas. Una vez ensartadas, marcamos en la plancha por todos los lados.

EL EMPLATADO. Servimos las brochetas con un punto de alioli de ajos tiernos encima de cada dado de pescado y cubrimos con las hierbas aromáticas picadas.

EL TOQUE

El atún es el pescado que más se asemeja a la carne por color y textura. Además aguanta bien la mezcla de especias morunas compuesta por pimentón, azafrán, canela, comino, ajo y cebolla en polvo. El toque de curry, que es en sí otra mezcla de especias, le aporta un sabor y un aroma aún más intensos.

CHAMPIÑONES RELLENOS DE QUESO

Los champiñones a la plancha, con mucho ajo y perejil,
es uno de los pinchos clásicos en todo el norte, donde incluso
hay establecimientos dedicados solo a esta seta.

INGREDIENTES 8 champiñones portobello, 100 g de crema de queso, 80 g de queso cabrales,
10 tomates secos, 150 ml de nata, 2 chalotas, 100 g de panceta, 50 ml de vino blanco, Orégano fresco,
Tomillo fresco, Rúcula, Aceite de oliva, Sal.

EL RELLENO. Limpiamos los portobello, retiramos los pies y vaciamos un poco la parte interior del sombrero y lo picamos fino.

Mezclamos la crema de queso con el cabrales, los tomates secos cortados en trocitos, los pies y el interior de portobello picados, la nata, las chalotas también picadas, el orégano y el tomillo.

LOS CHAMPIÑONES. Salamos el sombrero de los portobello y los rellenamos con la mezcla que acabamos de hacer. Colocamos una lámina de panceta sobre cada champiñón y los doramos en una sartén con un poco de aceite de oliva.

Cuando estén dorados, añadimos el vino blanco, tapamos y dejamos cocer 3 minutos.

EL EMPLATADO. Servimos los portobello rellenos con unas hojas de rúcula por encima.

EL TOQUE

El portobello es una variedad de champiñón de sabor más intenso que el blanco. Por eso combina tan bien con el queso cabrales, los tomates secos y la rúcula.

RACIONES

2

TIEMPO

20 minutos
de preparación,

12 horas
de reposo

CROQUETAS DE CECINA

La croqueta, cuyo nombre deriva del francés «croquer» (crujir),
es un bocado delicioso que combina la sutileza y cremosidad de la bechamel
con el crujiente liviano del empanado y de una buena fritura.

INGREDIENTES 250 ml de leche entera, 30 g de harina, 40 g de mantequilla,
60 g de cecina de vaca, 1 diente de ajo, 30 g de rúcula, Nuez moscada, Harina (para rebozar),
1 huevo, Pan rallado, Aceite de oliva, Sal y pimienta.

LA MASA DE LAS CROQUETAS. Derretimos la mantequilla en una cazuela a fuego suave. Cuando se haya fundido, incorporamos el ajo picado y la cecina cortada muy pequeña y rehogamos. A continuación, añadimos la harina y cocinamos sin dejar de remover durante 1 minuto y medio hasta que pierda el sabor a crudo. Agregamos la leche caliente y un poco de nuez moscada al gusto y removemos con unas varillas sin parar hasta obtener una bechamel espesa.

Una vez que haya espesado la bechamel, añadimos la rúcula cortada a cuchillo, salpimentamos y removemos hasta que todos los ingredientes estén bien integrados.

Pasamos la masa de las croquetas a una fuente, la tapamos con papel film en contacto directo con la masa y la dejamos enfriar en la nevera durante unas horas, o mejor si es de un día para otro.

LAS CROQUETAS. Con la masa bien fría, damos forma a las croquetas con la ayuda de dos cucharas o con las manos. También podemos enfriar la masa en una manga pastelera, y después hacer «churros» que cortamos a la medida deseada.

Rebozamos las croquetas pasándolas primero por harina, luego por huevo batido y finalmente por pan rallado. Las freímos en una sartén honda o un cazo con abundante aceite caliente y las escurrimos sobre papel absorbente.

EL TOQUE

La cecina es una carne seca, generalmente de vaca, de sabor ahumado y más pronunciado que el del jamón. En España la cecina de León tiene Indicación Geográfica Protegida. La rúcula, con su punto picante y ácido, contrasta con la potencia de la cecina y les da personalidad a estas croquetas.

CROQUETAS
DE BERENJENA Y QUESO

La croqueta es unas de las grandes recetas de aprovechamiento.
Las más tradicionales se preparan con sobras de cocido, puntas de bacalao o trozos de jamón.

INGREDIENTES 200 g de berenjena, 50 g de queso de cabra, 20 g de nueces,
250 ml de bebida de nueces o almendras, 60 g de mantequilla, 40 g de harina, ½ cucharadita de curry, Comino,
Sal de apio, Salsa de soja, Lima, Harina (para rebozar) , 1 huevo, Pan rallado, Aceite de oliva, Sal y pimienta.

PREVIAMENTE. Podemos comprar bebida de nuez o de almendras o hacer nuestra propia bebida vegetal. Para ello ponemos en remojo un kilo de nueces peladas con 2 litros y medio de agua durante unas horas. Después lo trituramos todo, colamos y guardamos en la nevera.
Abrimos las berenjenas por la mitad, hacemos unos cortes en forma de red en la carne, aliñamos con sal y aceite y las asamos en el horno a 180 ºC durante 30 minutos.

LAS CROQUETAS. Quitamos la pulpa de la berenjena asada y la ponemos en un bol. La rompemos con unas varillas y mezclamos con el queso de cabra desmenuzado, un poco de salsa de soja, unas gotas de zumo de lima, las nueces picadas, el curry y una pizca de comino y sal de apio. Lo batimos con las varillas hasta que esté bien integrado.

Calentamos la bebida de nuez o almendras. Fundimos la mantequilla en un cazo y ponemos la harina. La cocinamos 1 minuto y medio sin dejar de remover. Cuando esté cocida añadimos la bebida de nueces y vamos removiendo mientras espesa. Cuando esté a punto la bechamel, la agregamos a la mezcla de berenjena y queso y rectificamos de sal y pimienta.
Pasamos la masa de croquetas a una bandeja cubierta con papel film. La tapamos bien con el film en contacto directo y la dejamos reposar unas horas en la nevera, idealmente de un día para otro.
Con la masa fría, cortamos porciones, les damos forma redondeada y las rebozamos con harina, huevo batido y pan rallado. Las freímos en abundante aceite caliente y las escurrimos sobre papel absorbente.

EL TOQUE

La berenjena asada le da melosidad a la masa
de croquetas, el queso de cabra sabor, las especias
el toque aromático, la lima frescor y acidez y las
nueces un punto dulce. En conjunto, una croqueta con
una gran complejidad de sabores y texturas.

ENSALADILLA RUSA TORRES

La ensaladilla rusa es una de las tapas más solicitadas en los bares
y una de las más reinterpretadas. Cada bar o cada casa tiene su propia versión,
aunque nunca faltan la patata, los vegetales y la mayonesa.

INGREDIENTES 4 patatas medianas, 1 zanahoria, 100 g de guisantes,
60 g de anguila ahumada, 2 pimientos del piquillo, 2 huevos, 10 alcaparras, 6 aceitunas gordal,
40 g de huevas de trucha, Jengibre (al gusto), Cebollino, Sal y pimienta.
Mayonesa: 1 huevo, 150 ml de aceite suave, 1 cucharada de mostaza, Jugo de pimiento del piquillo, Limón.

LAS VERDURAS. Cocemos las patatas y la zanahoria enteras y con piel en agua hirviendo con sal durante unos 30 minutos. Una vez cocidas y enfriadas, las pelamos y cortamos en *brunoise*, en daditos.
Por otro lado, escaldamos los guisantes unos segundos en agua hirviendo con sal y los pasamos inmediatamente a un bol con agua y hielo.
Cortamos los pimientos, las aceitunas, las alcaparras, el jengibre y la anguila en tacos. Mezclamos todos estos ingredientes en un bol con la patata y la zanahoria y lo ponemos a punto de sal y pimienta.

EL HUEVO. Cocemos los huevos en agua hirviendo con sal durante 9 minutos. Una vez que están cocidos, los enfriamos, pelamos y separamos la clara de la yema.

Picamos la clara con el cuchillo y la añadimos al bol con las verduras. Reservamos la yema para el emplatado.

LA MAYONESA. Ponemos en el vaso de la batidora el huevo, sal, pimienta, el jugo de los pimientos del piquillo, unas gotas de zumo de limón, la mostaza y emulsionamos con la batidora añadiendo el aceite de oliva suave hasta que ligue bien la salsa.

EL EMPLATADO. Aliñamos las verduras con la mayonesa. Emplatamos la ensaladilla sobre un plato plano y decoramos con las huevas de trucha, cebollino picado y la yema de huevo rallada.

EL TOQUE

La anguila aporta a la ensaladilla un sabor ahumado bastante más potente que el atún en aceite. Para destacar ese sabor fuerte, también podemos utilizar salmón, sardina o arenque ahumados, o incluso salazones.

PESCADOS

PULPO
A LA GALLEGA TORRES

Pulpo y patatas cocidos aderezados con pimentón,
sal y aceite de oliva. La simplicidad de un clásico.

INGREDIENTES 1 pulpo grande, 2 patatas, 1 cabeza de ajos,
2 hojas de laurel, Pimienta negra en grano, Escamas de sal.
Aceite de pimentón: 200 ml de aceite de oliva, 4 cucharadas de pimentón.

PREVIAMENTE. Es importante que el pulpo esté congelado y descongelado antes de cocinarlo. Es la forma de ablandar las fibras y que quede tierno con la cocción.

EL ACEITE DE PIMENTÓN. Calentamos ligeramente el aceite en un cazo y añadimos el pimentón. Removemos bien, retiramos del fuego y dejamos infusionar unos minutos.

Colamos el aceite con una estameña para que no quede ningún sedimento y lo guardamos en un bote cerrado.

EL PULPO. Cocemos el pulpo descongelado en abundante agua con las hojas de laurel y unos granos de pimienta durante 18 minutos por kilo. Para un pulpo

de 2 kilos son 36 minutos. Después lo dejamos reposar en la misma agua de cocción durante 10 minutos.

LAS PATATAS. Mientras tanto, pelamos y cortamos las patatas en rodajas gruesas. Las cortamos con un cortapastas circular, en círculos más o menos del tamaño de una rodaja de pata de pulpo.

Cocinamos las patatas en parte del agua de cocer el pulpo durante 10 minutos.

EL EMPLATADO. Cortamos las patas de pulpo en rodajas regulares.

Colocamos las rodajas de patata cocida en el plato, encima colocamos los trozos de pata de pulpo, regamos con el aceite de pimentón y terminamos con unas escamas de sal y un poco de pimienta negra molida.

EL TOQUE

La estética es importante. Tener en un bocado
la misma cantidad de patata y de pulpo interviene
también en el sabor. Además, el aceite limpio
de pimentón da brillo y color y nos sirve para
muchas otras recetas.

TARTAR
DE LANGOSTINOS

El cóctel de gambas vivió su gran momento de éxito durante la década de los ochenta, como entrante típico de las celebraciones. Partiendo de los ingredientes básicos, y con infinidad de variaciones, se sigue preparando en muchas casas a día de hoy.

INGREDIENTES 12 langostinos medianos, 1 cebolla tierna, 2 pepinillos, 5 alcaparras, 1 cucharada de mayonesa, ½ tomate maduro, Pasta de wasabi o raifort rallado al gusto, Ralladura de naranja y de limón, Lechugas variadas (hoja de roble, trocadero, lollo rosso), Huevas de trucha, Vinagre de jerez, Cebollino.
Crema de aguacate: 1 aguacate, 1 cucharadita de ají, 20 ml de nata, Limón, Aceite de oliva, Sal y pimienta.

LOS LANGOSTINOS. Reservamos 4 langostinos e introducimos el resto en una olla con agua hirviendo y sal. Los cocemos entre dos y tres minutos, dependiendo del tamaño, y contando desde que empieza a hervir el agua de nuevo. Escurrimos los langostinos y los introducimos inmediatamente en un bol con agua fría, sal y cubitos de hielo.
Pelamos y picamos los langostinos cocidos y reservamos las cabezas.

EL TARTAR. Mezclamos en un bol la mayonesa con la cebolla tierna, los pepinillos, las alcaparras y el cebollino, todo bien picado. Exprimimos el jugo de las cabezas de los langostinos y acabamos de mezclar.
Incorporamos al tartar los langostinos picados, el tomate rallado, un poco de ralladura de naranja y de limón y raifort rallado o bien pasta de wasabi.

LA CREMA DE AGUACATE. Partimos el aguacate por la mitad, retiramos el hueso y vacia-mos la pulpa. Reservamos las dos mitades de la cáscara para el emplatado.
Ponemos la pulpa del aguacate en el vaso de la batidora con la pasta de ají, unas gotas de limón, aceite de oliva, sal, pimienta y la nata. Trituramos hasta que quede una crema bien ligada.

LA ENSALADA. Limpiamos unas hojas de lechuga y las aliñamos con aceite de oliva, vinagre de jerez y sal.

EL EMPLATADO. En el último momento, abrimos por la mitad las colas de langostino que habíamos reservado y las salteamos en una sartén con unas gotas de aceite de oliva.
Ponemos una base de crema de aguacate en cada una de las mitades de la piel de aguacate. Acabamos de rellenar una con las lechugas aliñadas y la otra con el tartar de langostinos. Colocamos encima los langostinos salteados y coronamos con unas huevas de trucha.

EL TOQUE

La salsa rosa se caracteriza por el gran contraste de sabor de los ingredientes que la componen: mayonesa, kétchup, licor y cítricos. El raifort o la pasta de wasabi le da un toque picante nasal, igual que la mostaza.

VIEIRAS CON COLIFLOR

Las vieiras se han convertido en uno de los mariscos habituales en las fiestas.
Con muy poca cocción y una buena guarnición son un entrante perfecto en Navidades.

INGREDIENTES 8 vieiras, ½ coliflor , 60 g de setas, 200 g de nata, 20 g de panceta ibérica,
1 diente de ajo, Cebollino, Tomillo y romero, Aceite de oliva, Sal y pimienta.

PREVIAMENTE. Para elaborar un aceite de hierbas, ponemos unas ramas de tomillo y romero en un bote con aceite de oliva y lo dejamos macerar unos días hasta que el aceite coja el sabor.

LA CREMA DE COLIFLOR. Limpiamos y cortamos la coliflor en ramilletes y la cocinamos al vapor durante 20 minutos. Una vez cocida, la pasamos al vaso de la batidora y la trituramos junto con la nata, sal y pimienta. Vamos añadiendo poco a poco el aceite de hierbas mientras seguimos triturando para que ligue el puré.

LAS SETAS. En una sartén con aceite de oliva, rehogamos el ajo picado. Cuando coja algo de color, añadimos las setas limpias y troceadas, si hace falta. Salpimentamos y las salteamos unos minutos hasta que estén cocinadas.

LAS VIEIRAS. Salpimentamos la carne de las vieiras y las marcamos por las dos caras en una sartén muy caliente con unas gotas de aceite de oliva.

EL EMPLATADO. Ponemos unas cucharadas de crema de coliflor repartidas en el plato. Encima colocamos las vieiras marcadas con una loncha de panceta encima. Repartimos las setas salteadas entre las vieiras y, para terminar, decoramos con unos brotes de cebollino.

EL TOQUE

La coliflor combina a la perfección con el marisco.
Además, potenciamos el sabor de la crema
ligándola con el aceite de hierbas.

RACIONES

2

TIEMPO

20 minutos
de preparación,

40 minutos
de horno

CEBOLLAS RELLENAS DE ATÚN

El atún encebollado es un guiso marinero tradicional gaditano que requiere de muy pocos ingredientes: atún fresco, cebolla en gran cantidad y un poco de vinagre de jerez y de pimentón.

INGREDIENTES 4 cebollas pequeñas, 200 g de lomo de atún, ½ pimiento rojo, ½ pimiento verde, 2 tomates, Canónigos, Lollo rosso, Tomillo fresco, Cebollino, Vinagre de jerez, Aceite de oliva, Sal. **Mayonesa de piparras:** 3 piparras, 1 huevo, 200 ml de aceite de oliva.

LAS CEBOLLAS. Quitamos la primera capa de las cebollas y cortamos un poco la parte superior, la tapa, dejando el resto con la raíz. Las sazonamos con sal, pimienta y un poco de aceite de oliva y las envolvemos enteras con papel sulfurizado y con papel de aluminio por encima. Las asamos al horno a 180 °C durante 40 minutos.

Una vez cocinadas, las vaciamos un poco con un sacabolas, dejando solo un par de capas exteriores y la raíz. Picamos el interior de las cebollas.

LA MAYONESA. Ponemos un huevo en el vaso de la batidora con las piparras cortadas en trozos, parte del líquido de la conserva, sal, pimienta y aceite de oliva. Batimos, sin mover la batidora, hasta que emulsione y vamos añadiendo poco a poco el aceite de oliva hasta tener la textura de mayonesa.

EL RELLENO. Picamos los pimientos en daditos y los salteamos en una sartén con un poco de aceite de oliva. Cuando estén tiernos, añadimos un poco de tomillo fresco, el interior de la cebolla picada y los tomates triturados. Dejamos reducir el sofrito hasta que esté seco.

Cortamos el lomo de atún en dados pequeños y lo incorporamos al sofrito. Lo cocinamos durante unos pocos minutos, retiramos del fuego y lo dejamos enfriar.

Cuando esté tibio, añadimos unas tres cucharadas de mayonesa y mezclamos bien.

Finalmente rellenamos las cebollas asadas con el salteado de atún.

EL EMPLATADO. Limpiamos y escurrimos la lechuga y el canónigo y los aliñamos con sal, aceite y un poco de la mayonesa de piparras. Ponemos la ensalada en la base del plato y encima colocamos las cebollas rellenas con la tapa encima. Terminamos el plato con un chorro de aceite de oliva y un poco de cebollino picado.

EL TOQUE

El atún fresco tiene un sabor y una textura muy reconocibles, que respetamos con una cocción rápida. Este relleno también se podría preparar con atún en conserva, aunque no debe faltar la mayonesa de piparras, que aporta frescura al plato.

RACIONES

2

TIEMPO

12 horas
de reposo,

15 minutos
de elaboración

CAZÓN EN ADOBO

El cazón en adobo, conocido también como bienmesabe en Cádiz,
es una de las tapas imprescindibles en el sur de la península.

INGREDIENTES 500 g de cazón limpio, ½ lima, 1 diente de ajo, 10 g de cúrcuma fresca,
1 cucharadita de jengibre seco, 1 cucharadita de ají molido, 1 cucharadita de curry, 300 ml de vinagre de vino blanco,
900 ml de agua, Tomillo fresco, Canela molida, Semillas de hinojo, Harina de trigo y de garbanzos,
1 cucharada de pimentón, Aceite de oliva, Sal y pimienta, ½ pepino.
«Guacatorres»: ½ aguacate, 20 g de piñones, 1 chalota, ½ lima, 1 cucharada de mostaza.

EL MARINADO. Cortamos el cazón limpio en dados del tamaño de un bocado y los ponemos en un recipiente hondo. Añadimos el ajo y la cúrcuma rallados, el tomillo, la pasta de ají y las especias secas, es decir, jengibre, curry y una pizca de canela e hinojo. Finalmente exprimimos y añadimos el zumo de la lima junto con un poco de su ralladura, cubrimos el pescado con el vinagre y el agua y dejamos marinar en la nevera entre ocho y doce horas.

LA FRITURA. Una vez marinado, escurrimos el cazón y lo secamos bien. Mezclamos la harina de trigo y de garbanzos con el pimentón. Enharinamos el cazón con esta mezcla y lo freímos en abundante aceite de oliva hasta que esté dorado. Lo escurrimos encima de papel absorbente.

EL «GUACATORRES». Para acompañar, preparamos un puré de aguacate. Machacamos los piñones en un mortero, añadimos el aguacate pelado, zumo de lima, mostaza y la chalota picada. Lo aplastamos hasta obtener un puré.

EL EMPLATADO. Pelamos y cortamos el pepino en bastoncillos.
Ponemos el «guacatorres» en la base, encima el cazón frito y decoramos con los bastoncillos de pepino.

EL TOQUE

La mezcla de especias procedente de diferentes gastronomías le da al cazón un sabor especial que se potencia con una fritura clásica que incorpora también pimentón. Como toque final, la untuosidad del puré de aguacate redondea el plato.

SALMONETE EN ESCABECHE

El escabeche, que nació como forma de conserva
para carnes y pescados, ha terminado por ser una de las técnicas de cocción
más genuinamente españolas.

INGREDIENTES 4 salmonetes, 1 zanahoria, 1 calabacín, 1 puerro, 2 cebollas tiernas, 1 diente de ajo, 300 ml de aceite de oliva, 100 ml de vinagre de estragón, 1 rama de romero y de tomillo, 1 hoja de laurel, Pimienta en grano, Sal. **Ensalada:** 1 escarola, 1 cebolla tierna, 1 naranja, 10 alcaparrones, 5 pepinillos encurtidos, Cebollino, Sal y pimienta.

PREVIAMENTE. En esta receta usamos salmonetes de roca, los pedimos fileteados en la pescadería o bien los fileteamos nosotros y retiramos todas las espinas con unas pinzas. No es necesario retirar la piel.

EL ESCABECHE. Cortamos el puerro en juliana, el calabacín en medias lunas, la zanahoria en palitos y las cebollas tiernas en trozos al bies. Pelamos en vivo los gajos de la naranja y guardamos dos trozos de su piel. Calentamos el aceite en un cazo y añadimos el diente de ajo con la piel y un poco machacado, la pimienta negra y las hierbas aromáticas. A continuación, ponemos la zanahoria y al cabo de 1 minuto el resto de las verduras y la piel de naranja.

Retiramos del fuego, rectificamos de sal y añadimos el vinagre de estragón. A continuación, ponemos los lomos de salmonete en el escabeche con la piel hacia arriba. Dejamos reposar y enfriar durante el tiempo que queramos, como mínimo 5 minutos.

EL EMPLATADO. Limpiamos la escarola y la ponemos en agua con hielo. Después la escurrimos bien y la aliñamos con el aceite del escabeche.
En el centro del plato ponemos las verduras del escabeche escurridas. Alrededor repartimos la escarola bien aliñada, los alcaparrones y los pepinillos en rodajas. Finalmente ponemos los lomos de salmonete encima de las verduras.

EL TOQUE

Para respetar al máximo el sabor del escabeche y el punto del pescado, ponemos el vinagre y el salmonete en el escabeche fuera del fuego. Así el vinagre no pierde aroma y el pescado queda jugoso.

GAZPACHUELO

El gazpachuelo malagueño poco tiene que ver con el gazpacho. Hay muchas versiones, pero la más habitual es con fumet, patatas, mayonesa y generalmente acompañado de pescado blanco y gambas.

INGREDIENTES 2 patatas, 400 ml de fumet, 100 g de coquinas, 5 vieiras, 1 huevo, 1 limón, 1 cebolla tierna, 1 ajo, 1 rama de romero , Perejil, Vino blanco, Aceite de oliva, Sal y pimienta.

PREVIAMENTE. Ponemos las coquinas en un bol con agua fría y sal para que vayan soltando la arena que puedan tener.

LAS PATATAS. Pelamos y chascamos las patatas y las cocemos con el fumet durante unos quince minutos o hasta que estén bien tiernas. Después las dejamos enfriar un poco en la misma olla.

LA COQUINA. Calentamos un poco de aceite en una olla, añadimos el ajo picado, una rama de romero, un chorro de vino blanco y las coquinas. En cuanto se abran, las retiramos del fuego y las escurrimos reservando el jugo que han soltado.

LA MAYONESA. Ponemos el jugo de las coquinas en el vaso de la batidora con el huevo, unas gotas de limón, un poco de sal, pimienta y aceite de oliva suave. Batimos sin mover la batidora hasta que emulsione y tenga textura de mayonesa.

EL GAZPACHUELO. Cogemos un par de cucharones de fumet y alguna patata, lo añadimos a la mayonesa y trituramos. Añadimos la mayonesa diluida a la olla de las patatas y lo mezclamos bien.
Cortamos las vieiras por la mitad en dos medallones, las salpimentamos y las marcamos en una sartén muy caliente con unas gotas de aceite.

EL EMPLATADO. Distribuimos las patatas cocidas y las vieiras marcadas en un plato hondo, encima repartimos las coquinas, el caldo del gazpachuelo y terminamos el plato con la parte verde de la cebolla tierna en juliana, perejil picado y ralladura de limón.

EL TOQUE

Las coquinas se suelen preparar al natural con un poco de limón. Se conocen también como tellinas, tellerinas o navallas. Son pequeñas y delicadas y su jugo, puro sabor a mar, da un toque diferente a la mayonesa.

BRANDADA DE MERLUZA

La esencia de la brandada es bacalao desmenuzado y emulsionado con aceite de oliva y leche. Un plato mediterráneo de origen humilde.

INGREDIENTES 440 g de merluza, 200 g de patatas, 400 ml de leche, 3 dientes de ajo, 1 guindilla, 4 pimientos del piquillo, 1 hoja de laurel, Tomillo, Tostas de pan (para acompañar), Aceite de oliva, Sal y pimienta.

PREVIAMENTE. Retiramos la piel de los filetes de merluza. Para ello, realizamos un corte en la cola, dejando dos o tres dedos de carne en la piel para poder agarrar bien el pescado.
Luego deslizamos lentamente la hoja de un cuchillo bien afilado, manteniendo la posición tensa para que la parte cortante vaya separando la piel de la carne sin esfuerzo.

LA PATATA Y LA MERLUZA. Pelamos y chascamos las patatas en trozos regulares, es decir, hacemos un corte y rompemos para terminar de separar los trozos. Las cocemos en una olla con leche, una hoja de laurel y una rama de tomillo durante 20 minutos.
Cuando estén cocidas las patatas, incorporamos la merluza sin piel y cortada en dados. Apagamos el fuego y dejamos reposar entre cinco y diez minutos.

EL ACEITE. Confitamos los ajos laminados en un cazo con bastante aceite y una guindilla hasta que esté dorado. Retiramos el ajo y la guindilla y reservamos el aceite.

LA BRANDADA. Escurrimos la patata y la merluza en un bol y las chafamos un poco con el tenedor. Añadimos alternativamente y despacio el aceite aromatizado de ajo y un poco de la leche de la cocción de las patatas mientras batimos con una espátula de madera. Seguimos este proceso hasta que monte y adquiera una textura cremosa.
Cubrimos una cazuelita de barro o un plato hondo con los pimientos del piquillo y rellenamos con la brandada. Gratinamos en el horno a máxima potencia hasta que se dore ligeramente la superficie.

EL EMPLATADO. Servimos la brandada caliente acompañada de unas tostas de pan.

EL TOQUE

En esta receta de brandada de merluza nos alejamos de la tradición en el ingrediente principal pero no en el proceso. Se podrían rellenar unos pimientos del piquillo con esta brandada, pero preferimos colocarlos alrededor para una presentación más estética.

COCOCHAS DE MERLUZA
AL PILPIL DE PIMIENTOS

Sin duda, el plato más conocido es el bacalao al pilpil, en el que se liga el aceite con la gelatina del pescado. El origen de la palabra «pilpil» es una onomatopeya en euskera que se refiere al sonido del borboteo de la salsa al hervir.

INGREDIENTES 12 cocochas de merluza, 6 pimientos del piquillo, 6 cucharadas de jugo de los pimientos, 1 diente de ajo, 2 cayenas, 70 ml de aceite de oliva, Cebollino.

PREVIAMENTE. Limpiamos las cocochas retirando la telilla negra que tienen en uno de los lados.

EL PILPIL. Calentamos el aceite en una cazuela ancha y añadimos el diente de ajo laminado y las cayenas. Cuando empiece a dorarse el ajo, añadimos los pimientos del piquillo y los doramos por los dos lados.

Agregamos las cocochas a la cazuela y las calentamos durante 1 minuto. Retiramos del fuego y añadimos el jugo de la conserva de los piquillos. Movemos la cazuela en círculos hasta que ligue la salsa, durante unos cinco minutos.

EL EMPLATADO. Servimos las cocochas con los pimientos y un poco de cebollino picado por encima.

EL TOQUE

El pimiento es una verdura muy rica en pectina, una fibra que actúa como gelificante igual que la gelatina del bacalao. Así pues, también podemos montar un pilpil con esta verdura y el pescado que queramos, como las cocochas de merluza.

RACIONES

2

TIEMPO

15 minutos
de preparación,

15 minutos
de remojo

BACALAO AL AJOARRIERO

Los arrieros, que eran transportistas, preparaban esta receta con bacalao salado
y ajo, que podían llevar encima sin problemas de conservación, y a los que añadían verduras que
encontraban por el camino. Es un plato muy popular en todo el norte de la península.

INGREDIENTES 300 g de tripa de bacalao, 50 g de relleno (morcilla blanca), 3 dientes de ajo, 1 guindilla, 1 cebolla,
4 pimientos del piquillo con el agua de la conserva, 1 pimiento choricero, 2 cucharadas de tomate concentrado,
100 ml de chacolí, Cebollino, Aceite de oliva, Sal.

PREVIAMENTE. Limpiamos la tripa de bacalao desalada retirando la telilla superficial.
También ponemos el pimiento choricero en agua para que se hidrate durante un cuarto de hora. Después retiramos la pulpa raspando con una cuchara.

EL PILPIL. Laminamos los dientes de ajo pelados y los doramos en una olla con abundante aceite de oliva caliente junto con la guindilla. Cuando el ajo esté dorado, retiramos algunas láminas para decorar el plato al final. Añadimos una de las tripas de bacalao troceada a la olla con el ajo y la guindilla, bajamos el fuego y dejamos pochar 1 minuto junto con un chorro del agua de la conserva de los piquillos. Retiramos la guindilla y trituramos la mezcla hasta obtener una salsa tipo pilpil.

EL AJOARRIERO. Picamos la cebolla y la sofreímos en una cazuela con un poco de aceite de oliva. Cuando esté transparente, añadimos los pimientos del piquillo picados y la pulpa del pimiento choricero hidratado. Le damos un par de vueltas y agregamos el tomate concentrado y el chacolí. Rectificamos de sal y dejamos que se cocine todo junto durante un par de minutos.
Incorporamos el pilpil a la cazuela, junto con un poco del agua de la conserva del pimiento y la tripa de bacalao cortada en trozos grandes. Lo dejamos cocinar unos cinco minutos hasta que esté lista la tripa.

EL RELLENO. Cortamos el relleno en dados y lo doramos en una sartén con un poco de aceite de oliva.

EL EMPLATADO. Servimos el ajoarriero en un plato hondo con el relleno salteado por encima. Terminamos de decorar con un poco de cebollino picado y las láminas de ajo que habíamos reservado al principio.

EL TOQUE

El relleno es un embutido navarro, parecido a la morcilla blanca, que se daba a los peregrinos del camino de Santiago. Aporta textura y sabor cárnico al ajoarriero hecho con la vejiga natatoria del bacalao, que es pura gelatina. Este plato se puede hacer con bacalao desalado y butifarra del perol.

BACALAO EN SALSA VERDE

El bacalao es uno de los productos estrella de la gastronomía vasca.
También lo es la salsa verde que acompaña con facilidad a muchos otros pescados
como la merluza.

INGREDIENTES 2 porciones de lomo de bacalao desalado, 500 ml de fumet,
70 g de hojas de apio, 40 g de harina, 40 g de mantequilla, 1 puerro, 2 dientes de ajo, Aceite de oliva, Sal.
Ñoquis de patata: 350 g de patata Kennebec, 100 g de harina, 1 yema de huevo, Perejil.

LOS ÑOQUIS. Empezamos por la guarnición porque es lo que más tarda. Pelamos y cortamos en dados la patata y la cocinamos al vapor durante 20 minutos o hasta que esté bien cocida. Después la pasamos por el pasapurés y la enfriamos en la nevera.

Una vez fría, la mezclamos con la yema de huevo, la harina y una buena cantidad de perejil picado. Cortamos porciones de masa que estiramos en un rulo largo y delgado. Cortamos en trozos del tamaño de un ñoqui y los marcamos con un tenedor o con una ñoquera. Hervimos los ñoquis en agua y sal hasta que suban a la superficie y los escurrimos.

LA SALSA VERDE. Para la salsa verde, picamos muy fino el puerro y el ajo. En un cazo fundimos la mantequilla y los pochamos. Cuando la verdura esté bien tierna, añadimos la harina, removemos bien y cocinamos durante 1 minuto y medio. A continuación agregamos el fumet y dejamos cocinar y espesar sin parar de remover. Cogemos las hojas más verdes de apio y reservamos las amarillas del centro en agua con hielo. Escaldamos las hojas verdes en una olla con agua y sal durante unos segundos y las pasamos a un bol con agua fría.

Añadimos las hojas de apio verdes bien escurridas a la salsa y trituramos con la batidora. La colamos para retirar la fibra.

EL BACALAO. Ponemos un cesto de cocinar al vapor en la olla donde hemos escaldado el apio y cocinamos el bacalao durante 5 minutos o hasta que se empiecen a separar las lascas.

EL EMPLATADO. Ponemos una base de salsa en un plato hondo, encima el bacalao y distribuimos los ñoquis alrededor. Decoramos el plato con las hojas más tiernas de apio que habíamos reservado.

EL TOQUE

El apio tiene un sabor especial, entre anisado y acre, que combina a la perfección con el salino del bacalao. Aunque las hojas verdes tienen toda la concentración de sabor de esta verdura, a menudo se desechan.

RACIONES

2

TIEMPO

30 minutos
de cocción,

1 hora
de remojo

MARMITAKO DE CHIPIRONES

En todo el Cantábrico es típico el guiso de patatas con bonito cuando es temporada.
Pero esta versión de chipirones se puede preparar para cuando no lo es.

INGREDIENTES 6 chipirones, ½ cebolla, 1 pimiento verde italiano, 1 pimiento choricero,
2 dientes de ajo, 2 cucharadas de tomate frito, 400 ml de fumet, 1 patata grande, 10 chalotas pequeñas,
1 rama de tomillo, 1 rama de romero, Cebollino, Aceite de oliva, Sal y pimienta.

PREVIAMENTE. Ponemos el pimiento choricero a hidratar en agua tibia durante 1 hora.

LAS PATATAS. Pelamos y cortamos la patata en dados no muy grandes y pelamos las chalotas, que dejamos enteras.
Calentamos una sartén con aceite de oliva y doramos un poco las patatas en dados y las chalotas enteras junto con el tomillo y el romero.

EL GUISO. Picamos el ajo y cortamos la cebolla en juliana. Los rehogamos en una cazuela con un poco de aceite de oliva. Mientras tanto cortamos las patas de los chipirones en trozos pequeños y el pimiento verde en juliana.
Añadimos las patas al sofrito y dejamos que se doren bien. Entonces agregamos el pimiento verde y la pulpa que sacamos del pimiento choricero hidratado y dejamos que se poche un poco.
Para terminar con el sofrito, añadimos el tomate frito y reducimos durante 1 minuto.
Incorporamos las patatas y las chalotas al sofrito y las cubrimos con el fumet. Dejamos cocinar durante unos diez o quince minutos.

LOS CHIPIRONES. Marcamos los cuerpos de los chipirones en una sartén muy caliente con unas gotas de aceite y los añadimos al guiso, ya fuera del fuego.

EL EMPLATADO. Servimos el guiso en la misma cazuela con un poco de cebollino picado por encima.

EL TOQUE

Dorando las patatas y las chalotas aparte, les damos más sabor y mantienen mejor la textura.
Los chipirones necesitan muy poca cocción, por eso no los ponemos con las patatas, pero aprovechamos las patas para dar sabor a la base de sofrito.

ALL I PEBRE DE RAPE

Plato emblemático de la Albufera valenciana,
el *all i pebre* original tiene solo ajo, pimienta y anguila.

INGREDIENTES 4 patatas, 1 cola de rape de unos 400 g, 4 carabineros, 150 g de almejas,
700 ml de fumet, 8 dientes de ajo, 1 rebanada de pan, 1 puñado de almendras, 1 cucharada de pimentón de la Vera,
1 guindilla, 2 cucharadas de tomate frito, Perejil, Aceite de oliva, Sal y pimienta.

PREVIAMENTE. Con la espina del rape y las cabezas de carabinero podemos hacer un fumet. Los ponemos con algunas verduras como zanahoria, puerro y cebolla, cubrimos con agua y dejamos cocinar a fuego muy suave durante 20 minutos. Si no, podemos usar un fumet ya hecho.

Pelamos y chascamos las patatas en trozos regulares, cortamos una parte y arrancamos el resto para dejar que libere el almidón en el guiso.

EL *ALL I PEBRE*. Fileteamos los dientes de ajo y los doramos en una cazuela con aceite de oliva, junto con una rebanada de pan y un puñado de almendras. Una vez que se hayan tostado los pasamos a un mortero y lo machacamos bien.

En la misma cazuela, ponemos una guindilla y las patatas y les damos unas vueltas. Añadimos el pimentón y seguidamente el tomate frito. Al cabo de 1 minuto, agregamos el fumet a la cazuela, rectificamos de sal, tapamos y dejamos que se cocine la patata entre 10 y 15 minutos, dependiendo del tamaño.

Retiramos la telilla de la cola de rape, cortamos la carne en dados y salpimentamos. Cuando la patata esté tierna, añadimos el rape y las almejas a la cazuela y dejamos cocinar hasta que se abran.

En el último momento añadimos los carabineros pelados y cortados en trozos y el majado del mortero. Dejamos cocinar 1 minuto y retiramos del fuego.

EL EMPLATADO. Servimos el guiso en plato hondo y con un poco de perejil picado por encima.

EL TOQUE

Con ajo y pimienta, un poco de patata
y un buen fumet podemos preparar varias
versiones de este plato: pescados blancos como
pez de san Pedro, congrio, pescados de roca
o incluso con manitas de cerdo.

SUQUET DE PESCADO

En todas las zonas pesqueras existen guisos marineros.
En las costas catalanas y valencianas el *suquet* es la receta más tradicional,
sencilla y con los pescados que tenían más a mano.

INGREDIENTES 500 g de pescado de roca, 700 ml de fumet, 6 patatas, 3 chalotas, 2 tomates, 1 pimiento choricero, 1 cabeza de ajos, 1 huevo, Perejil, Aceite de oliva, Sal y pimienta.

PREVIAMENTE. Limpiamos y fileteamos los pescados o pedimos que nos los preparen en la pescadería. Con las cabezas y espinas, algunas verduras y galeras u otro pescado de morralla podemos hacer un caldo. Si no, usamos fumet ya hecho.
Pelamos y chascamos las patatas en trozos regulares. Ponemos a remojar el pimiento choricero en agua tibia durante 1 hora. También trituramos los tomates enteros y con piel y colamos.

EL ALIOLI. Escaldamos los dientes de ajo enteros y pelados durante 1 minuto. Los escurrimos y los ponemos en el vaso de la batidora con el huevo y aceite de oliva. Batimos hasta que ligue y vamos añadiendo aceite poco a poco hasta obtener un alioli.

EL *SUQUET*. Ponemos a cocinar las patatas en el fumet durante unos veinte minutos o hasta que estén bien cocidas.

Por otro lado, preparamos un sofrito pochando las chalotas picadas en una sartén con un poco de aceite de oliva. Cuando estén tiernas añadimos la pulpa del pimiento choricero que hemos hidratado y los tomates triturados. Salpimentamos y dejamos reducir el sofrito hasta que casi no tenga agua.
Cuando el sofrito esté bien reducido, lo añadimos a la olla con las patatas, retiramos del fuego y agregamos un par de cucharadas del alioli. Trituramos bien toda la mezcla hasta tener una crema ligera.
Cortamos los filetes de pescado en dados, con la piel, los salpimentamos y doramos en una sartén caliente con aceite de oliva.

EL EMPLATADO. Ponemos el pescado en el centro del plato, repartimos la crema alrededor y decoramos con perejil picado.

EL TOQUE

La textura de la crema de patatas, con el fumet y el toque de ajo que le da el alioli, convierte este plato en un híbrido entre sopa y *suquet*. El pescado ideal para esta receta es el de roca: araña, pez rata, rubio, cabracho o lo que encontremos en el mercado.

CANELONES DE CABRACHO

Juan Mari Arzak popularizó este pescado de carne firme
con su famoso pastel de cabracho en 1971. Ese pudin de pescado se convirtió
en uno de los platos icónicos de la nueva cocina vasca.

INGREDIENTES 2 puerros, 1 cabracho, ½ zanahoria, 50 ml de fumet, 1 rebanada de pan,
Nata (para remojar el pan), Vino blanco, Sal y pimienta. Salsa choron: 200 g de mantequilla clarificada,
3 yemas de huevo, 1 cucharada de salsa de tomate, Vinagre de estragón, Lima.

PREVIAMENTE. Hacemos un fumet con la cabeza y las espinas del cabracho y el verde de los puerros. Lo tenemos al fuego durante 15 minutos.

Limpiamos la parte blanca de los puerros y la escaldamos en agua hirviendo con sal durante 1 minuto. Una vez escaldados, extraemos la parte central empujando y la picamos. Reservamos por un lado el puerro picado y por otra las capas externas enteras, que nos sirven de canelón vegetal.

Para hacer la mantequilla clarificada, fundimos la mantequilla en un cazo a fuego lento y retiramos solo la parte grasa, dejando el suero en el fondo del cazo.

EL RELLENO. Ponemos el pan en remojo con la nata. En una cazuela con aceite, rehogamos el puerro picado. Incorporamos la zanahoria picada y el cabracho cortado en trozos y con la piel. Mojamos con vino blanco y fumet. Añadimos el pan escurrido y un poco de la nata del remojo, salpimentamos y dejamos reducir.

Retiramos del fuego y rompemos el pescado con la ayuda de una cuchara. Enfriamos un poco el relleno y lo pasamos a una manga pastelera para montar mejor los canelones. Rellenamos los tubos de puerro con el relleno de cabracho.

LA SALSA CHORON. En un recipiente al baño maría, batimos las yemas de los huevos junto con el vinagre de estragón, sal y pimienta hasta que emulsionen, aumenten de volumen y tengan un color más blanquecino. Después, añadimos poco a poco la mantequilla clarificada sin dejar de batir con las varillas. Finalmente, incorporamos la salsa de tomate y unas gotas de zumo de lima y mezclamos bien.

EL EMPLATADO. Servimos los puerros con un poco de salsa choron en la base del plato y el resto cubriendo los canelones. Terminamos con unas hierbas aromáticas picadas por encima.

EL TOQUE

El puerro, muy utilizado en el norte, gana protagonismo al servir de pasta de estos canelones. La salsa choron es una de las salsas clásicas derivada de la holandesa. Hay que tener en cuenta que debe mantenerse tibia hasta el momento de servir.

CALAMARES RELLENOS DE LA SUEGRA

Los calamares rellenos son un plato de mar y montaña típico de la cocina catalana, en concreto de la Costa Brava. «La suegra» lo es de Javier y no sirve de relleno a los calamares. Se llama Carmen y es la autora de la receta.

INGREDIENTES 2 calamares grandes, 350 g de carne picada de cerdo, 1 huevo duro, 1 cebolla, 2 dientes de ajo, ½ tomate, 25 g de harina, 500 ml de fumet , ½ rebanada de pan, 15 g de avellanas, 15 g de almendras, 20 g de chocolate negro, 8 g de piñones, Perejil, Aceite de oliva, Sal y pimienta.

EL RELLENO. Cortamos y picamos las patas y las aletas de los calamares en el vaso de la picadora.
Rehogamos la carne picada de cerdo en una cazuela con aceite de oliva a fuego suave y añadimos las patas y las aletas picadas. Cuando está rehogado, incorporamos el huevo duro rallado y mezclamos.
Retiramos del fuego y rellenamos los cuerpos de los calamares dejando un espacio vacío, más o menos un cuarto del calamar. Los cerramos con un palillo para que no se salga el relleno y reservamos.

EL GUISO. Picamos la cebolla y el ajo bien finos y los rehogamos en una olla con aceite de oliva. Añadimos la harina, removemos bien e incorporamos el perejil picado y el tomate rallado. Salpimentamos y sofreímos hasta que esté concentrado. Removemos de vez en cuando para que no se pegue.

Añadimos un poco de fumet al sofrito y, a continuación, los calamares rellenos. Acabamos de cubrir con fumet y dejamos cocer a fuego suave y tapado durante 90 minutos.

EL MAJADO. En un mortero hacemos un majado con avellanas, almendras, piñones, un poco de chocolate negro y el pan tostado. Disolvemos con un poco de fumet y añadimos la picada a la olla de los calamares cuando esté terminando la cocción. Le damos un hervor y retiramos del fuego.

EL EMPLATADO. Retiramos los palillos de los calamares y los ponemos en un plato hondo con el caldo alrededor. Terminamos con un chorrito de aceite de oliva.

EL TOQUE

La carne picada de cerdo, al tener un poco más de grasa, aporta mayor jugosidad al relleno que la de ternera. Es importante poner la misma cantidad de carne que de calamar en el relleno para equilibrar los sabores.

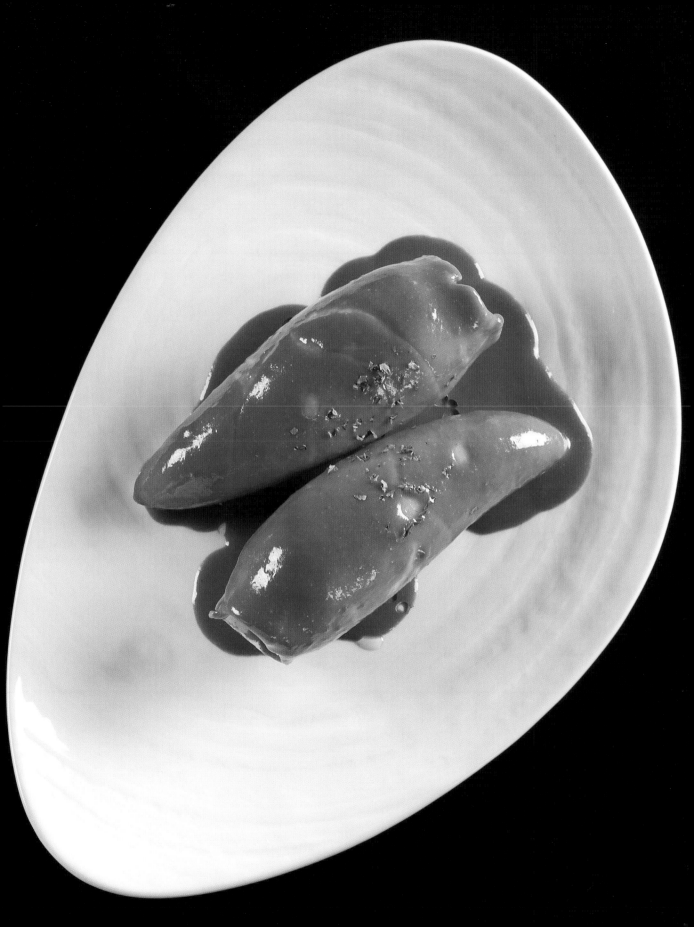

CARNES

POLLO
CON GALERAS

Otro de los platos emblemáticos de la cocina catalana
de mar y montaña es el pollo con cigalas.

INGREDIENTES 8 contramuslos de pollo, 400 g de galeras, 1 cebolla, 3 dientes de ajo,
1 zanahoria, 1 patata, 100 ml de vino blanco, 1 cucharadita de pimentón, 3 tomates maduros, 4 hebras de azafrán,
1 rama de tomillo, Harina, Perejil, Aceite de oliva, Sal y pimienta.

EL GUISO. Salpimentamos y enharinamos los contramuslos de pollo. Los doramos en una cazuela con un poco de aceite de oliva. Una vez que estén dorados por las dos caras, los retiramos y añadimos la cebolla, los ajos y la zanahoria picados junto con la rama de tomillo. Cortamos algunas galeras en trozos, las más pequeñas y menos bonitas, y las doramos junto con las verduras.

Cuando las verduras estén pochadas, añadimos el pimentón y el tomate triturado y colado y dejamos reducir el sofrito.

Con el sofrito concentrado, agregamos el vino blanco, volvemos a poner el pollo en la cazuela y cubrimos con agua. Dejamos cocinar a fuego medio y con la cazuela tapada durante 30 minutos.

Pelamos y cortamos la patata en dados y la freímos en abundante aceite caliente. Después la escurrimos y reservamos encima de papel absorbente.

Pasados los 30 minutos, retiramos el pollo de la cazuela y colamos la salsa. Volvemos a poner en el fuego la salsa colada, con el pollo y las patatas fritas. Añadimos unas hebras de azafrán y dejamos a fuego suave mientras preparamos las galeras.

LAS GALERAS. Pelamos el cuerpo de las galeras dejando la cabeza y la cola. Para pelarlas sin pincharnos y con menos esfuerzo, las podemos congelar un poco o bien escaldarlas unos segundos y cortar la cocción poniéndolas en agua con hielo.

Una vez peladas, las añadimos al guiso y dejamos que se cocinen durante unos minutos.

EL EMPLATADO. Servimos en la misma cazuela o en un plato hondo con perejil picado por encima.

EL TOQUE

La galera es uno de los crustáceos más desconocidos aunque es abundante en zonas de la costa mediterránea. Con poca carne pero mucho sabor, es un buen sustituto de cigalas o gambas en los «mar y montaña».

BROCHETAS
DE ALBÓNDIGAS DE POLLO

Las albóndigas o bolas de carne aparecen
en gastronomías de todo el mundo. Fritas, en salsa o con caldo,
se adaptan a casi cualquier tipo de receta.

INGREDIENTES 500 g de carne picada de pollo, 1 huevo, 1 rebanada de pan, Leche (para el pan),
1/2 cebolla morada, 1 pimiento rojo, 1 pimiento verde, 4 champiñones, 20 g de sésamo blanco y negro,
Nuez moscada (al gusto), Harina, Aceite de oliva, Sal y pimienta. Salsa: 300 ml de caldo de ave,
200 ml de Pedro Ximénez, 1 naranja, 2 clavos de olor, 10 g de jengibre, Cardamomo molido.

LA SALSA. La salsa es lo que más tiempo nos va a llevar. Ponemos a reducir en una sartén el caldo con el Pedro Ximénez. Añadimos un trozo de piel y el zumo de una naranja, el jengibre pelado y cortado en rodajas, una pizca de cardamomo y los clavos de olor. Dejamos que reduzca hasta que tenga la textura suficiente para lacar.

LAS ALBÓNDIGAS. Ponemos la carne picada en un bol y la sazonamos con sal y pimienta. Añadimos el huevo, el pan remojado en leche y bien escurrido y un poco de nuez moscada rallada al momento. Mezclamos bien y formamos bolas con un par de cucharas o con las manos untadas de aceite.
Enharinamos las albóndigas y las freímos en una sartén con un poco de aceite de oliva, hasta que estén doradas por todas las caras.

LAS BROCHETAS. Cortamos los pimientos en cuadrados iguales. Cortamos la cebolla en trozos grandes y separamos las distintas capas. En la misma sartén de las albóndigas con aceite, salteamos los dados de pimiento y cebolla y los champiñones enteros.
Formamos brochetas intercalando verduras salteadas y albóndigas y terminando con un champiñón entero. Las ponemos en la sartén de la salsa y las lacamos.

EL EMPLATADO. Servimos las brochetas espolvoreadas con sésamo blanco y negro.

EL TOQUE

La combinación de Pedro Ximénez con naranja
y caldo da una salsa sabrosa y nada habitual para
unas brochetas. Esta salsa también se podría preparar
con salsa de soja y miel en lugar de Pedro Ximénez.

HAMBURGUESA DE POLLO CON PATATAS

Hay cierto consenso en que la hamburguesa se originó en la ciudad de Hamburgo y que fueron los inmigrantes alemanes quienes la popularizaron en Estados Unidos y de ahí que se haya convertido en un clásico popular en todo el mundo.

INGREDIENTES 300 g de carne picada de pollo, 4 nueces, 2 rodajas de scamorza ahumada, 60 g de sobrasada, 2 patatas, 1 cucharadita de cebolla en polvo, 1 cucharadita de sal de ajo, 1 cucharadita de comino, Sésamo tostado, Perejil, Aceite de oliva, Sal y pimienta. Guarnición: 1 tomate, 1 cebolla tierna, Hojas de lechuga, Mayonesa (al gusto), 3 pepinillos encurtidos.

EL «PAN». Para el pan de la hamburguesa, rallamos las patatas para freír con un rallador grueso. Las sazonamos con sal, pimienta, comino, sal de ajo y cebolla en polvo. Ponemos un aro redondo metálico en una sartén con un poco de aceite de oliva y rellenamos el molde con parte de la patata rallada, hasta un centímetro de grueso. Retiramos el molde y repetimos la acción tres veces más.

Dejamos dorar los círculos de patata y les vamos dando la vuelta con una espátula hasta que estén bien dorados.

LA HAMBURGUESA. Mezclamos la carne picada de pollo con las nueces troceadas, la sobrasada, sal y pimienta hasta que estén todos los ingredientes bien integrados. Cogemos porciones de carne con la mano y le damos forma redondeada. En el centro ponemos una loncha de queso scamorza, cubrimos con más carne y terminamos de dar la forma de hamburguesa. Doramos las hamburguesas en una sartén con un poco de aceite de oliva hasta que estén cocidas.

EL EMPLATADO. Ponemos una base de patata bien dorada, encima la hamburguesa, la lechuga, unas rodajas de tomate, los pepinillos, la cebolla tierna en juliana y mayonesa al gusto. Cubrimos con otro círculo de patata a modo de bocadillo.

EL TOQUE

El *rösti* es una receta típica suiza de patata rallada y dorada en la sartén como si fuera una tortilla. El almidón de la patata permite que no se deshaga y por eso un *rösti* es una forma fantástica de sustituir el pan e integrar las patatas en una hamburguesa.

POLLO ASADO AL CURRY

Prácticamente todas las aves se pueden asar enteras. De hecho,
un pollo o capón asado son imprescindibles en Navidad.

INGREDIENTES 1 pollo de corral entero, 30 g de almendras tostadas, 1 diente de ajo, 1 cucharada de curry,
80 ml de zumo de naranja, ½ lima, Vinagre de jerez, Aceite de oliva, Sal y pimienta. **Salsa de curry:** 1 cebolla, 1 manzana,
1 cabeza de ajos, 2 tomates maduros, 150 ml de leche de coco, Mantequilla.

PREVIAMENTE. En la carnicería pedimos un pollo limpio y sin vísceras para asar entero. Es importante que le dejen la piel del cuello para después poderlo cerrar correctamente.

EL POLLO. Para el aderezo del pollo, ponemos en el vaso de la batidora las almendras, el zumo de naranja, el ajo pelado, la cucharada de curry, un poco de zumo de lima, sal, pimienta y unas gotas de vinagre. Lo trituramos bien.

Partiendo del cuello, separamos la piel de la carne del pollo con los dedos y con mucho cuidado para no romperla. Vamos separando la piel especialmente de las pechugas.

Ponemos la mitad del aderezo entre la piel y la carne del pollo. Después bridamos atando primero las patas y después tirando los dos cabos del hilo bramante hacia la parte superior de las alas; hacemos un nudo en la espalda recogiendo también la piel del cuello.

Ponemos el pollo de pie en una bandeja de horno.

Pintamos con el resto de aderezo la piel del pollo y añadimos los tomates, la manzana, los ajos y la cebolla enteros en la base de la bandeja.

Asamos el pollo y las verduras en el horno durante 1 hora a 170 ºC.

Pasada 1 hora, retiramos las verduras y parte del jugo que ha soltado el pollo, subimos el horno a 220 ºC y volvemos a poner el pollo para que se tueste durante unos 10 minutos.

LA SALSA. Cortamos las verduras y la manzana en trozos, sacamos la pulpa de la cabeza de ajos y lo ponemos todo en una cazuela junto con los jugos del pollo. Lo calentamos y añadimos la leche de coco y un poco de mantequilla. Dejamos que reduzca unos minutos y colamos la salsa.

EL EMPLATADO. Servimos el pollo asado entero con un poco de salsa por encima y el resto en una salsera para servirse al gusto.

EL TOQUE

Asar un pollo entero requiere de técnica.
En este caso, para hidratarlo al máximo, agregamos
líquido entre la piel y la carne. Además, le añadimos
un toque de curry, con lo que fusionamos las
tradicionales recetas de pollo asado y pollo al curry.

ESCABECHE DE PICANTÓN

El escabeche, la cocción con aceite, vinagre y hierbas aromáticas,
ya aparecía en *Las mil y una noches*.
Se suelen escabechar mariscos, pescados, verduras y carnes blancas.

INGREDIENTES 1 picantón, 300 ml de vino tinto, 1 cebolla de Figueras, 1 naranja, 1 chirivía, ½ coliflor,
1 cucharadita de miel de naranjo, 3 dientes de ajo, 1 hoja de laurel, 1 rama de tomillo,
40 ml de vinagre de vino tinto, Aceite de oliva, Sal y pimienta.

LA SALSA DE VINO. Separamos los muslos y las pechugas de la carcasa del picantón. Cortamos la carcasa en trozos y la doramos en una cazuela con aceite de oliva y la cebolla cortada en juliana. Añadimos la piel de naranja, la miel y mojamos con el vino tinto. Dejamos hervir hasta que el líquido reduzca a la mitad. Colamos la salsa.

EL ESCABECHE. Separamos los muslos de los contramuslos. Los doramos en una cazuela con los dientes de ajo sin pelar, el laurel y el tomillo. Mojamos con la salsa de vino tinto colada y el zumo de naranja y dejamos cocer 15 minutos.

Añadimos la chirivía en bastones y la coliflor en ramilletes.
Salpimentamos las pechugas del picantón y las marcamos en la sartén por la parte de la piel hasta que estén bien doradas. Las escalopamos y las añadimos a la cazuela con la piel hacia arriba para que se mantengan crujientes. Cocemos 5 minutos más con la cazuela tapada y, ya fuera del fuego, agregamos el vinagre de vino tinto.

EL EMPLATADO. Emplatamos el picantón escabechado con un poco de cebollino picado por encima y un chorro de aceite de oliva.

EL TOQUE

En el escabeche tradicional se usa aceite, vinagre y, a menudo, vino blanco. Pero existen infinidad de opciones: caldo, vino tinto o, como en este caso, «caldo» de vino tinto. Las verduras habituales son el puerro y la zanahoria, que pueden sustituirse por vegetales de temporada, siempre la mejor elección.

OSOBUCO DE PAVO

El osobuco es un guiso tradicional milanés con carne de jarrete de ternera cortada en rodajas con el hueso. De hecho, «ossobuco» significa «hueso vacío» en italiano porque en el corte aparece también el tuétano.

INGREDIENTES 600 g de osobuco de pavo, 1 cebolla, 1 zanahoria, 1 ramita de apio, 2 tomates, 1 vaso de cava, 1 l de caldo de ave, 40 g de senderuelas secas, 1 hoja de laurel, 1 rama de romero, 1 cucharada de harina, Perejil, Aceite de oliva, Sal y pimienta. **Guarnición:** 2 patatas agrias, 30 g de queso parmesano, 30 g de harina de almendras, Hierbas provenzales.

PREVIAMENTE. Ponemos en remojo las senderuelas secas durante 10 minutos para que se hidraten.

EL GUISO. Salpimentamos el osobuco, lo enharinamos y lo doramos en una cazuela con aceite de oliva. Retiramos la carne.

En la misma cazuela, rehogamos la cebolla, la zanahoria y el apio picados junto con los tomates también picados y las hierbas aromáticas. Acabamos de rehogar.

Incorporamos de nuevo la carne a la cazuela, regamos con el cava y dejamos reducir 1 minuto para que se evapore el alcohol. Mojamos con el caldo de ave hasta cubrir la carne y dejamos cocinar a fuego lento 40 minutos.

Una vez cocinada la carne, la retiramos de la cazuela y colamos la salsa. Reincorporamos el osobuco a la cazuela con la salsa colada y las senderuelas hidratadas. Cocinamos unos minutos.

LA GUARNICIÓN. Mezclamos el queso parmesano con la harina de almendras, las hierbas provenzales y un poco de aceite de oliva hasta obtener una pasta. Cortamos las patatas con piel en gajos, las sazonamos con sal y pimienta y las pasamos por el bol con la mezcla de queso y hierbas. Colocamos los gajos de patata en una fuente de horno separados entre ellos y asamos en el horno a 180 ºC durante 25 minutos.

EL EMPLATADO. Servimos el osobuco de pavo con perejil picado por encima y acompañado de los gajos de patata al horno en una fuente aparte.

EL TOQUE

El muslo de pavo permite cortarlo como el osobuco original de ternera. Es una carne blanca muy baja en grasas y de cocción más rápida que las carnes rojas. Al pavo le va mejor un vino blanco o un cava que uno tinto. El cava aporta acidez y ligereza al guiso.

HAMBURGUESA DE MAGRET

La hamburguesa no es más que carne picada aglutinada en forma de filete. Aunque empezó siendo un plato hecho con ternera, actualmente las podemos encontrar de cualquier tipo de carne, pescado o verduras.

INGREDIENTES 1 magret de pato, 1 yema de huevo, ½ rebanada de pan, 30 ml de leche, 20 g de piñones, 10 ml de vino rancio, 30 g de queso de cabra, ½ manzana, 30 g de foie fresco, 2 panecillos, Rúcula, Aceite de oliva, Sal y pimienta.

PREVIAMENTE. Congelamos el foie para poder rallarlo después sobre la hamburguesa.

LA HAMBURGUESA. Separamos la grasa de la carne del magret. Picamos el magret junto con parte de la grasa en el robot de la batidora o en una picadora.
Pasamos la carne a un bol y la ligamos con yema de huevo y la miga de pan remojada en leche. Añadimos los piñones y el vino rancio, mezclamos bien y damos forma de hamburguesa. Hacemos un hueco en medio e introducimos el queso de cabra. Cubrimos con un poco más de magret.

Marcamos las hamburguesas a la plancha hasta que estén cocidas, pero ligeramente rosadas por dentro.

LA GUARNICIÓN. Cortamos unas láminas de manzana y las salteamos un poco en una sartén con unas gotas de aceite de oliva.

EL EMPLATADO. Cortamos los panecillos por la mitad, ponemos la hamburguesa, las láminas de manzana y unas hojas de rúcula. Finalmente, sacamos el foie del congelador y lo rallamos encima de la hamburguesa. Tapamos con la otra mitad de pan.

EL TOQUE

El pato es el protagonista de esta receta.
En la hamburguesa lo encontramos en dos texturas: carne y foie. El foie tiene una textura pastosa y resbaladiza que dificulta que se pueda rallar.
Un buen truco es congelarlo y rallarlo después.

CONEJO MORUNO

La mezcla de especias morunas, de origen marroquí,
se usa especialmente para los pinchos de carne. Pero, como todas las especias,
se puede aplicar a multitud de guisos, como este de conejo.

INGREDIENTES 1 conejo, 1 cebolla, 1 pimiento rojo, 1 pimiento verde,
100 g de tomate frito, 50 ml de brandi, 5 ciruelas secas, 500 ml de caldo de ave,
El zumo de ½ limón, Tomillo fresco, Hierbas aromáticas variadas, Aceite de oliva, Sal y pimienta.
Mezcla de especias moruna: ½ cucharada de ajo en polvo, ½ cucharada de comino en polvo,
½ cucharada de jengibre seco, ½ cucharada de guindilla en polvo,
½ cucharada de cúrcuma en polvo, ½ cucharada de pimentón de la Vera.

MACERAMOS EL CONEJO. Mezclamos en el mortero el ajo con el comino, el jengibre, la guindilla, la cúrcuma y el pimentón. Troceamos el conejo, lo mojamos con zumo de limón, lo sazonamos con sal y pimienta y lo pasamos por la mezcla de especias. Espolvoreamos con un poco de tomillo fresco y lo dejamos macerar en un recipiente cerrado durante 2 horas. Después, retiramos la carne y reservamos los jugos del macerado.

EL GUISO. Doramos los trozos de conejo en una cazuela, que pueda ir al horno, con aceite. Una vez dorados, incorporamos la cebolla, el pimiento rojo y verde en dados grandes. Rehogamos, mojamos con el brandi y agregamos el tomate frito. Por último, añadimos las ciruelas secas.

Terminamos de mojar con el caldo de ave y los jugos del macerado y lo cocemos en el horno a 200 ºC durante 45 minutos.

EL EMPLATADO. Emplatamos el conejo con una mezcla de hierbas frescas picadas por encima, como cebollino, orégano, hierbabuena, romero y salvia.

EL TOQUE

Podemos comprar la mezcla de especias
morunas ya hecha pero, si la preparamos en casa,
siempre podemos darle el toque personal con
las que más nos gusten.

SALTEADO DE CABRITO CON AJOS TIERNOS

El cabrito y el cordero están en su mejor momento en primavera y además es la carne tradicional de Semana Santa, una vez que ha pasado la abstinencia de la Cuaresma.

INGREDIENTES 400 g de cabrito troceado, 4 mollejas de cabrito, 8 ajos tiernos , 200 ml de vino manzanilla , 1 diente de ajo, 2 patatas, 1 rama de tomillo, 1 rama de romero, Perejil, Aceite de oliva, Sal y pimienta.

PREVIAMENTE. Las mollejas hay que ponerlas a desangrar en agua muy fría durante unas horas en la nevera, después están listas para cocinar.

EL SALTEADO. Escaldamos las mollejas de cabrito limpias en agua hirviendo unos segundos. Después las cortamos en trozos separando los lóbulos y retirando las telillas, si las tiene.
En una cazuela amplia con unas cuatro cucharadas de aceite de oliva, doramos el cabrito troceado junto con las mollejas. Cuando empiecen a estar dorados, añadimos los ajos tiernos cortados en trozos regulares y un poco de romero y tomillo. Dejamos que se cocinen unos minutos.

Añadimos a continuación el vino manzanilla, dejamos que reduzca bien el líquido y el salteado está listo.

LA GUARNICIÓN. Pelamos y cortamos las patatas con un espiralizador para darles forma de espaguetis. Si no tenemos espiralizador, se pueden cortar en tiras muy finas. Freímos los espaguetis de patata en abundante aceite de oliva caliente hasta que estén bien dorados.

EL EMPLATADO. Hacemos un hueco en el centro de la cazuela del salteado para poner las patatas fritas. Espolvoreamos con abundante perejil picado y servimos en la mesa en la misma cazuela.

EL TOQUE

Para saltear, usamos partes de las costillas, el cuello y la falda del cabrito. Además, las mollejas aportan sabor y una textura suave que contrasta con el resto.

PASTEL
DE CORDERO Y PATATA

El pastel de carne y puré de patata tiene su origen en el *cottage pie* («pastel de cabaña») inglés, aunque es muy popular en diferentes países de Sudamérica y también en España.

INGREDIENTES 600 g de cuello de cordero, 1 cebolla, 2 dientes de ajo, 1 pimiento rojo, 1 pimiento verde, 300 ml de vino tinto, 1 l de caldo de ave, Tomillo, Romero, Salvia, Aceite de oliva, Sal y pimienta.
Puré de patata: 500 g de patatas, 3 chirivías, 1 yema de huevo, 150 g de queso cremoso de oveja, Comino.

LA CARNE. Doramos el cuello de cordero salpimentado en una cazuela con aceite de oliva. Cuando esté dorado, lo retiramos y añadimos el ajo, la cebolla y los pimientos picados y unas ramas de tomillo, romero y salvia a la cazuela.

Una vez que la verdura esté sofrita, añadimos el vino tinto y le damos un hervor. Volvemos a poner la carne dorada en la cazuela y cubrimos con el caldo de ave. Tapamos y dejamos cocinar a fuego suave durante 2 horas.

Pasadas las 2 horas, retiramos la carne, la deshuesamos y desmenuzamos. Mientras tanto dejamos reducir un poco más la salsa hasta que esté ligada y espesa.

EL PURÉ. Cocemos las patatas y las chirivías enteras en abundante agua con sal durante 30 minutos o hasta

que estén bien cocidas. Las pelamos y pasamos por el pasapurés.

Ponemos el puré de patata y chirivía en un bol y lo mezclamos con la yema de huevo, una pizca de comino y el queso cremoso de oveja. Lo batimos bien para que se integre y ponemos el puré en una manga pastelera con boquilla rizada.

EL PASTEL. Ponemos la carne deshilachada en la base de una fuente y la hidratamos con la salsa reducida. Encima hacemos rosetas de puré hasta cubrir la carne. Gratinamos el pastel en el horno con el grill a máxima potencia durante 3 minutos o hasta que esté dorado.

EL EMPLATADO. Servimos el pastel entero con un picadillo de hierbas aromáticas en el centro.

EL TOQUE

El cuello de cordero es una de las partes más sabrosas y melosas del animal. En este guiso le da una potencia de sabor que no tiene el pastel de carne hecho con cerdo y ternera. Además, la chirivía aporta suavidad al puré para crear un plato redondo.

TERRINA DE COCHINILLO

El cochinillo al horno es uno de los platos típicos de Castilla y León,
muy presente en las mesas durante las fiestas.

INGREDIENTES 2 piernas de cochinillo, 500 g de sal, 250 g de azúcar, 125 g de pimentón, 200 g de manteca de cerdo, 1 cucharada de mantequilla, 6 hojas de acelga roja, Aceite de oliva, Sal y pimienta. **Chutney:** 1 naranja, 1 chalota, 1 diente de ajo, 300 g de calabaza, 50 g de azúcar moreno, 1 cucharadita de curry, 1 cucharadita de canela en polvo, 1 cucharadita de jengibre molido, 1cucharadita de comino, 50 g de vinagre de sidra.

PREVIAMENTE. Marinamos el cochinillo cubierto con la mezcla de sal, azúcar y pimentón durante 1 hora.

EL COCHINILLO. Limpiamos bien el cochinillo de la marinada bajo el grifo. Untamos las piernas con la manteca de cerdo y las colocamos en una bandeja de horno con dos dedos de agua, las cubrimos con papel sulfurizado y luego con papel de aluminio, y horneamos a 150 °C durante 3 horas. Metemos también un vaso de agua en el interior del horno para que se forme vapor.

LA TERRINA. Una vez cocinado el cochinillo, retiramos la piel con la ayuda de una cuchara y con sumo cuidado para que no se rompa. Ponemos a reducir el jugo que ha quedado en la bandeja de horno. Desmenuzamos la carne y la condimentamos con sal, pimienta y un poco de jugo reducido. El resto del jugo lo reservamos en la nevera para el emplatado. Ponemos la carne desmenuzada en la base de un molde de unos 2 dedos de altura forrado con papel film y la cubrimos con la piel del cochinillo. La tapamos con el papel film y colocamos un peso encima.

Dejamos enfriar la terrina en la nevera de un día para otro.

EL CHUTNEY. Retiramos la piel de la naranja y la picamos. Exprimimos el zumo de la naranja. Rehogamos a fuego suave el ajo y la chalota picados junto con el jengibre durante 10 minutos. Incorporamos la calabaza cortada en dados pequeños y la piel de naranja. Seguimos rehogando e incorporamos el azúcar, el curry, la canela, el comino y sal. Añadimos el vinagre y el zumo de naranja y cocemos a fuego suave y tapado durante 40 minutos. Dejamos enfriar y, si queremos que quede un chutney más fino, lo trituramos.

EL EMPLATADO. Cortamos la terrina en dos cuadrados y los marcamos a la plancha por la parte de la piel, mejor con un peso encima para que conserven la forma. Calentamos y ligamos la salsa reducida con una cucharada de mantequilla. Calentamos también el chutney de guarnición si es necesario. Servimos los cuadrados de terrina acompañados del chutney de calabaza y naranja y unas hojas de acelga roja. Salseamos con un poco de la salsa de cocción del cochinillo.

EL TOQUE

La manteca sobre la piel del cochinillo forma una capa crujiente que acabamos de dorar en la plancha. Con el deshuesado ofrecemos un plato de cochinillo sin trabajo, con el crujiente justo y una gran melosidad.

COSTILLAS DE CERDO AGRIDULCES

Las costillas son una de las partes más sabrosas del cerdo.
Si no tenemos barbacoa, una de las formas más populares de cocinarlas es al horno.

INGREDIENTES 400 g de costillas de cerdo en una pieza, 100 g de azúcar moreno,
100 ml de vinagre de Módena, 300 ml de caldo de ave, ½ naranja, ½ limón, ½ rama de canela, Pimienta negra en grano,
Aceite de oliva, Sal y pimienta. **Puré de zanahoria:** 2 zanahorias, 1 patata, 15 g de curry, 100 g de queso crema.

EL CARAMELO. Ponemos el azúcar moreno en un cazo al fuego. Cuando se derrita el azúcar, agregamos el caldo de ave, el vinagre de Módena, la piel y el zumo de naranja y de limón, la canela y la pimienta en grano. Dejamos reducir unos minutos.

LAS COSTILLAS. Pintamos las costillas con aceite y sazonamos con sal y pimienta. Las asamos en el horno a 250 ºC durante 30 minutos. Abrimos el horno y pintamos las costillas con parte del caramelo frío. Las dejamos asar 1 minuto más a 250 ºC y apagamos el horno. Dejamos las costillas dentro del horno apagado durante 2 horas, hasta que el horno esté frío. Retiramos las costillas del horno y las volvemos a pintar con el caramelo que quedaba.

EL PURÉ DE ZANAHORIA. Envolvemos las zanahorias y la patata en papel de horno y luego en papel de aluminio y las asamos en el horno hasta que estén blandas. Podemos aprovechar que tenemos el horno encendido mientras se cocinan las costillas.
Una vez asadas las verduras, las trituramos junto con el curry, el queso crema, sal y pimienta.

EL EMPLATADO. Cortamos las costillas y las acompañamos con el puré de zanahoria.

EL TOQUE

Usar el calor residual del horno es una manera de cocinar la carne muy lentamente, a baja temperatura, para que mantenga toda la jugosidad.

RACIONES

2

TIEMPO

2 horas
de reposo,

70 minutos
de cocción

GUISO DE PATATAS CON COSTILLA

El estofado de carne y patatas es el plato de confort por antonomasia. Un guiso completo que apetece y reconforta cuando más frío hace en el exterior.

INGREDIENTES 6 patatas nuevas pequeñas, 400 g de costilla de cerdo, 1 cebolla, 2 tomates triturados, 500 g de sal, 250 g de azúcar, 100 g de maíz dulce, 1 hoja de laurel, Hierbas aromáticas, Cebollino, Pimienta negra en grano, Sal. **Mojo verde:** Perejil, Orégano fresco, Cilantro, Tomillo, Romero, 1 cucharadita de comino, 1 diente de ajo, 50 ml de vinagre, 200 ml de aceite de oliva.

PREVIAMENTE. Preparamos unas costillas saladas caseras. Para ello mezclamos la sal con el azúcar y hierbas aromáticas picadas al gusto. Cubrimos el costillar de cerdo con esta mezcla y lo dejamos 2 horas en la nevera. Después limpiamos las costillas bajo el grifo para eliminar los restos de sal y las cortamos en trozos del tamaño de un bocado.

EL GUISO. Ponemos las costillas troceadas en una cazuela junto con unos granos de pimienta y la hoja de laurel, cubrimos con agua y dejamos cocinar 45 minutos. Picamos la cebolla y la sofreímos en una sartén con aceite de oliva. Añadimos el tomate triturado, salpimentamos y dejamos que reduzca hasta que esté seco. Una vez listo, agregamos el sofrito a la cazuela de las costillas junto a las patatas enteras y peladas. Dejamos cocinar hasta que las patatas estén tiernas, unos 25 minutos.

EL MOJO. Ponemos las hierbas frescas en el vaso de la batidora. Añadimos el diente de ajo pelado, el comino, aceite, vinagre, sal y un poco de agua. Trituramos hasta tener una salsa homogénea. Agregamos el mojo a la cazuela del guiso, damos un par de vueltas y retiramos del fuego.

EL EMPLATADO. Servimos el guiso de patatas y costilla con el maíz dulce y un poco de cebollino picado por encima.

EL TOQUE

El mojo es una preparación típica canaria que significa «salsa». En los mojos nunca falta el comino y el vinagre, en la versión Torres tampoco, pero además incorporamos diferentes hierbas aromáticas y lo usamos para terminar de dar sabor, textura y color al guiso.

FALSO BROWNIE DE RABO DE TERNERA

El guiso de rabo de toro es religión en Córdoba,
aunque también en Madrid y otras zonas, siempre ligado a las fiestas taurinas.
A falta de toro de lidia, se puede cocinar también rabo de vaca o ternera.

INGREDIENTES 1,5 kg de rabo de ternera, 750 ml de vino tinto, 2 zanahorias, 1 cebolla,
1 puerro, 1 cabeza de ajos, 40 g de nueces, 1 cucharada de miel, 1 rama de tomillo, 1 rama de romero,
1 cucharada de mantequilla, Harina, Pimienta en grano, Aceite de oliva, Sal.
Patata mortero: 3 patatas, 60 g de morcilla, 1 diente de ajo.

EL MARINADO. La noche anterior o medio día antes, ponemos el rabo de ternera en una fuente amplia con la cebolla, el puerro y las zanahorias cortados, la cabeza de ajos, las hierbas aromáticas y pimienta en grano. Añadimos el vino tinto y acabamos de cubrir con agua. Tapamos con film y dejamos marinar la carne en la nevera unas 12 horas.

EL GUISO DE RABO. Sacamos la carne del marinado y escurrimos las verduras reservando también el líquido. Enharinamos el rabo de ternera y lo doramos en una cazuela con aceite de oliva. Una vez esté dorado por las dos caras, lo retiramos. En la misma cazuela, rehogamos durante 1 minuto las verduras de la marinada, añadimos el rabo y el líquido de la marinada y lo dejamos guisar a fuego suave y con la cazuela tapada durante 3 horas.
Cuando esté guisado, retiramos la carne y la deshilachamos, está tan tierna que sale sola del hueso. Colamos la salsa y la ponemos a reducir hasta la mitad con un poco de miel si es demasiado ácida.

Hidratamos la carne con un poco de la salsa reducida y ligamos el resto de la salsa con la mantequilla para que quede brillante y espesa.

LA GUARNICIÓN. Hervimos las patatas enteras y con piel en agua con sal durante 30 minutos o hasta que estén bien cocidas. Las pelamos y las chafamos en un bol con un tenedor hasta obtener un puré.
Picamos el ajo y lo doramos en una sartén con aceite y con la morcilla que vamos desmenuzando. Añadimos el puré de patata, lo mezclamos bien y retiramos del fuego.

EL EMPLATADO. Ponemos un molde de emplatar cuadrado en un plato y lo llenamos con la carne. En medio de la carne colocamos unas nueces y cubrimos con más carne. Desmoldamos y cubrimos la carne con la salsa bien reducida y colocamos una nuez entera encima.
Al lado ponemos un poco de nueces troceadas y encima una quenelle de patata como si fuera un helado.

EL TOQUE

Hacemos un trampantojo a partir de un guiso clásico de rabo de ternera. Jugamos con la idea del brownie, del que cogemos las nueces que dan un toque crujiente a la carne, y con la patata simulamos el popular helado de stracciatella.

TIEMPO

10 minutos
de preparación,
25 minutos de horno,
1 hora de reposo

ROSBIF

Rosbif, en inglés *roast beef*, significa «buey asado». Es uno de los platos de carne más tradicionales en Inglaterra, donde se acompaña con verduras y patatas.

INGREDIENTES 800 g de lomo bajo de buey, 50 g de foie fresco, 30 g de rebozuelos, Cebollino, Aceite de oliva, Sal y pimienta. **Ensalada:** 1 escarola, Canónigos, 6 rabanitos, Vinagre de jerez. **Mousse de tártara:** 1 huevo, 3 pepinillos, 4 cebollitas encurtidas, 4 alcaparrones, 2 filetes de anchoa, 1 cucharadita de mostaza en grano, 100 ml de aceite de girasol, 1 limón.

PREVIAMENTE. Congelamos el foie fresco para poder mechar fácilmente la carne.

EL ROSBIF. Salteamos los rebozuelos en una sartén con unas gotas de aceite de oliva para que se cocinen y pierdan parte del agua.

Para mechar la carne podemos usar una aguja mechadora o bien hacemos unos cortes pequeños en el centro a lo largo del lomo con una puntilla. Mechamos la carne con dos tiras de rebozuelos y dos de foie fresco alternados.

Salpimentamos abundantemente el lomo y lo marcamos en una sartén con aceite de oliva por las dos caras. Después lo pasamos a una fuente para horno, con el aceite de la sartén, y lo terminamos de cocinar en el horno a 180 ºC durante 25 minutos. A continuación dejamos enfriar la carne durante 1 hora.

LA MOUSSE DE TÁRTARA.
Separamos la clara de la yema del huevo y ponemos la yema en un bol

con aceite de girasol. Lo batimos bien con unas varillas hasta que emulsione como si fuera una mayonesa. A medio emulsionar le añadimos los jugos de la cocción de la carne.

Mezclamos esta mayonesa con mostaza en grano, unas gotas de limón, las anchoas y los encurtidos picados.

Por otro lado, montamos la clara a punto de nieve con unas varillas eléctricas. Finalmente mezclamos la tártara con la clara montada con movimientos envolventes.

LA ENSALADA. Preparamos una ensalada con la escarola, los canónigos y los rabanitos cortados en cuartos. La aliñamos con sal, pimienta, aceite y vinagre.

EL EMPLATADO. Cortamos la carne en lonchas finas y las ponemos en un plato aliñadas con un poco de aceite de oliva y pimienta. Ponemos la ensalada al lado y un poco de salsa por encima de la carne y el resto en la salsera. Terminamos el plato con cebollino picado.

EL TOQUE

La combinación de foie y setas aporta sabor y jugosidad, pero se podría mechar la carne con otros ingredientes, como panceta y pimientos. En la salsa, con el simple gesto de separar la clara de la yema de huevo y tratarlos por separado, conseguimos una mayonesa ligera y diferente.

SOLOMILLO WELLINGTON CON BERENJENA

El solomillo Wellington es el solomillo en hojaldre más famoso del mundo.
Es una receta tradicional de Inglaterra y Estados Unidos, que también está
presente en muchas casas de nuestro país los días de fiesta.

INGREDIENTES 400 g de solomillo de ternera, 20 láminas de panceta embuchada, 20 g de olivada,
1 cebolla tierna, ½ berenjena, 30 g de piñones, 15 alcaparras, 2 láminas de hojaldre,
1 yema de huevo, Salvia, Aceite de oliva, Sal y pimienta. **Salsa cazadora:** 200 g de colmenillas, 2 chalotas,
150 ml de vino blanco, 400 ml de caldo de ave, 50 g de mantequilla, Estragón.

EL RELLENO. Pochamos la cebolla tierna picada en una cazuela con aceite de oliva. Incorporamos la berenjena cortada en dados, los piñones, sal, pimienta y salteamos hasta que la berenjena esté bien hecha y haya perdido el agua.

EL SOLOMILLO. Abrimos el solomillo en dos filetes y los sazonamos con sal y pimienta. Marcamos los filetes de solomillo por ambos lados y los retiramos del fuego. Pintamos los dos filetes con olivada. Extendemos encima de uno de ellos una capa del relleno de berenjena y las alcaparras. Tapamos con el otro filete y cubrimos el conjunto con panceta y salvia.
Colocamos el solomillo relleno sobre una lámina de hojaldre. Pintamos el hojaldre con la yema de huevo mezclada con unas gotas de agua y envolvemos el solomillo para que quede bien sellado.
Cortamos el exceso de hojaldre.

Hacemos cortes en forma de rejilla en la otra lámina de hojaldre, con un rodillo especial o bien con el cuchillo y con mucho cuidado. Ponemos este hojaldre encima del solomillo envuelto y cortamos lo que sobre. Pintamos el conjunto con la yema de huevo.
Pasamos el solomillo a una fuente de horno y lo cocinamos a 190 ºC durante 12 o 15 minutos, según el punto de cocción de la carne que más nos guste.

LA SALSA. Pochamos las chalotas en una sartén con un poco de mantequilla. Añadimos las colmenillas limpias, estragón, sal, pimienta, el vino blanco, el caldo de ave y dejamos reducir hasta que espese. Acabamos de ligar la salsa con una cucharada de mantequilla.

EL EMPLATADO. Cortamos el solomillo y lo salseamos con la salsa cazadora.

EL TOQUE

En el solomillo Wellington clásico se envuelve
la carne con una salsa de champiñones y con
lonchas de jamón antes de enrollarlo en el hojaldre.
Aquí lo hemos partido por la mitad y hemos
cambiado los champiñones por la berenjena.
La cocción es más corta y queda más jugoso.

«FILET MIGNON»

Tradicionalmente, el «filet mignon» es uno de los platos más exquisitos que existen.
Tanto es así, que fue uno de los que sirvieron en primera clase en la última cena del *Titanic*.

INGREDIENTES 1 filete mignon o punta de solomillo, 100 g de mantequilla, 1 rama de romero,
1 rama de tomillo, 1 lima, Pan rallado, Aceite de oliva, Sal y pimienta. **Guarnición:** 2 patatas grandes,
100 g de provolone, 1 diente de ajo, ½ cucharadita de cayena molida, ½ cucharadita de pimentón de la Vera,
½ cucharadita de comino, 1 ramita de tomillo fresco, Orégano seco, Perejil.
Mayonesa de chimichurri: 1 huevo, 2 cucharadas de chimichurri, 100 ml de aceite de oliva suave.

EL «FILET MIGNON». Fundimos la mantequilla en un cazo. Cuando hierva retiramos la espuma que se forme en la superficie y nos quedamos con la grasa, sin el suero, que es lo que conocemos como «mantequilla clarificada». Picamos tomillo y romero y lo mezclamos con el pan rallado y la ralladura de lima.

Untamos el solomillo con la mantequilla clarificada por una de las caras y lo pasamos por la mezcla de pan rallado. Colocamos el «filet mignon» en una bandeja de horno con la parte del rebozado hacia arriba y lo ponemos en el horno con el grill encendido durante 8 minutos.

LA GUARNICIÓN. Ponemos el ajo, el orégano, la cayena molida, el pimentón de la Vera, el comino, el tomillo y el perejil en el vaso de la batidora junto con aceite de oliva. Trituramos bien hasta formar una salsa chimichurri.

Cortamos las patatas en rodajas sin llegar al final. Ponemos un trozo de provolone entre cada dos huecos. Pintamos las patatas con la salsa chimichurri, las envolvemos en papel de horno y luego en papel de aluminio y las horneamos a 190 ºC durante 45 minutos.

LA MAYONESA DE CHIMICHURRI. Ponemos en el vaso de la batidora un par de cucharadas de salsa chimichurri, el huevo, y emulsionamos con aceite de oliva suave hasta que tome consistencia.

EL EMPLATADO. Servimos el «filet mignon» acompañado de las patatas con provolone y la mayonesa de chimichurri en un bol.

EL TOQUE

La mezcla de pan rallado con hierbas y ralladura de lima forma una costra crujiente y aromática sobre el «filet mignon». La mantequilla clarificada que nos sobre la podemos guardar en la nevera para usarla en muchas otras recetas.

EL CHULETÓN PERFECTO

El chuletón es el corte de la parte superior de la costilla de buey,
vaca o ternera y que incluye la carne que rodea el hueso. Se asa a la brasa
o a la plancha y el secreto está en conseguir el punto justo de la carne.

INGREDIENTES 1 kg de chuletón de buey, vaca o ternera, 1 chalota, Aceite de oliva, Sal y pimienta.
Patatas duquesa: 3 patatas, 25 ml de brandi, 2 yemas de huevo, 1 cucharada de mantequilla,
1 rama de tomillo, Sal y pimienta.

PATATAS DUQUESA. Para la guarnición, pelamos y cortamos en dados las patatas y las colocamos en una olla con el brandi, una rama de tomillo, sal y un poco de agua. Las ponemos a cocer durante unos veinte minutos o hasta que estén tiernas.

Después las escurrimos, retiramos el tomillo y las pasamos por el pasapurés. Añadimos las dos yemas de huevo y lo mezclamos bien.

Ponemos el puré en una manga pastelera y formamos rosetones del tamaño de un bocado sobre una bandeja para horno con papel sulfurizado. Fundimos la mantequilla, pintamos con ella las patatas y las metemos en el horno con el grill encendido hasta que estén doradas.

EL CHULETÓN. Escogemos un buen chuletón de ternera, vaca o buey. Retiramos el exceso de grasa y lo salamos generosamente.

Calentamos una sartén grande con un poco de aceite de oliva y doramos bien el chuletón por las dos caras, dejando que se caramelice y selle bien la carne. La podemos bañar por encima con la grasa que quede mientras se dora.

Una vez bien dorada y en el punto, retiramos la carne y la dejamos reposar unos minutos.

Cortamos una chalota en juliana y la pochamos en la misma sartén del chuletón.

EL EMPLATADO. Retiramos el hueso y la grasa del chuletón y cortamos la carne en trozos del tamaño de un bocado. Los disponemos en un plato con la chalota por encima, un poco más de sal y servimos con las patatas duquesa al lado.

EL TOQUE

Respetar el punto de la carne es el toque
de esta receta. La carne está poco hecha cuando
en el centro de la pieza se llega a los 52 °C; al punto,
a 58 °C; punto pasado, a 62 °C, y hecha, a 70 °C.

POSTRES

FALSAS BRAVAS DE MANZANA

Los trampantojos son elaboraciones que engañan visualmente con el objetivo de sorprender. Vemos algo distinto de lo que en realidad saboreamos.

INGREDIENTES 3 manzanas golden, 100 g de miel, 100 ml de agua, 60 g de azúcar integral, ½ vaina de vainilla. Salsa «brava»: 150 g de frutos rojos congelados, 50 ml de agua, 20 g de azúcar integral, 2 hojas de gelatina, 1 limón, Salsa picante (al gusto). «Mayonesa»: 125 g de yogur griego, 50 ml de nata, 1 cucharada de miel de tomillo.

PREVIAMENTE. Ponemos las hojas de gelatina a hidratar en agua muy fría durante 5 minutos.

LA SALSA DE FRUTOS ROJOS. Ponemos un cazo al fuego con el agua, el azúcar integral y los frutos rojos, y lo llevamos a ebullición. Después retiramos del fuego y agregamos la gelatina bien escurrida. Si no queremos utilizar gelatina, podemos dejar reducir un rato más la salsa al fuego.
Trituramos la salsa con la batidora, añadimos salsa picante al gusto y colamos. La dejamos enfriar en la nevera o en un bol dentro de otro con hielo para que la gelatina haga su efecto. Removemos de vez en cuando con unas varillas.

LAS «BRAVAS». Ponemos una sartén al fuego con el azúcar integral, la miel, el agua y la vaina de vainilla abierta. Dejamos caramelizar hasta que espese.
Cortamos las manzanas con la piel de forma irregular, imitando a las patatas bravas. Las salteamos en la sartén con el caramelo a fuego fuerte para evitar que la fruta suelte toda el agua.

LA MAYONESA DE YOGUR. Batimos en un bol la nata junto con el yogur y la miel con la ayuda de las varillas.

EL EMPLATADO. Servimos las manzanas salteadas en una cazuela de barro, cubrimos con la salsa de frutos rojos y terminamos con la mayonesa de yogur.

EL TOQUE

La salsa picante mezclada con los frutos rojos no se nota a nivel de sabor, pero ayuda a potenciar el resto de los ingredientes de la salsa roja.

CREMA QUEMADA DE PISTACHO

La crema quemada es un postre muy característico,
que se distingue por el contraste entre el azúcar crujiente de la parte
superior y la crema de debajo, más espesa que las natillas.

INGREDIENTES 125 ml de leche, 125 ml de nata , 200 g de pistachos verdes,
50 g de azúcar glas, 3 yemas de huevo, 200 g de chocolate blanco, 30 g de azúcar moreno,
1 ramita de romero, Limón, Aceite de oliva suave o de girasol, Sal.

LA CREMA. Trituramos los pistachos con el robot o la batidora hasta convertirlos en polvo. Reservamos 150 gramos de los pistachos en polvo para la guarnición. Al resto, le añadimos un chorro de aceite de oliva suave o de girasol y volvemos a triturar hasta conseguir una pasta fina.

Calentamos la leche en un cazo junto con la nata y el romero. Dejamos que hierva a fuego suave.

Mientras hierve la leche, batimos suavemente en un bol las yemas de huevo con el azúcar glas y luego agregamos la pasta de pistacho con el aceite.

Vertemos la leche colada sobre la mezcla de yemas y pistacho sin dejar de batir con las varillas.

Repartimos la crema en recipientes individuales, los cubrimos con papel de aluminio y los ponemos al baño maría en el horno a 180 ºC durante 25 minutos. Si ponemos el agua del baño maría hirviendo, la crema empieza a cocinarse antes.

Una vez cocida, dejamos enfriar sobre una rejilla y después en la nevera hasta el momento de servir.

LA GUARNICIÓN. Deshacemos el chocolate blanco al baño maría y lo mezclamos con los pistachos molidos que hemos reservado. Lo pasamos a una manga pastelera, hacemos unos churros mal hechos sobre papel de horno, espolvoreamos con ralladura de limón y un poco de sal y enfriamos en la nevera.

EL EMPLATADO. Justo antes de servir la crema, espolvoreamos con azúcar moreno y caramelizamos con un soplete de cocina o bien bajo el grill muy caliente. Decoramos la crema con las tiras de chocolate y pistacho.

EL TOQUE

Sobre la base de leche, huevos y azúcar, podemos aromatizar la crema con todo tipo de hierbas y especias, además de las clásicas canela y vainilla. También admite frutos secos como pistachos (o cualquier otro) e incluso purés de frutas.

RACIONES

2

TIEMPO

20 minutos
de preparación,

2 horas
de reposo

NATILLAS DE MANTECADOS

El origen de las natillas se sitúa en los conventos europeos.
Son un postre económico y fácil de preparar, además de una buena fuente de nutrientes.

INGREDIENTES 600 ml de leche, 80 g de mantecados , 30 g de azúcar, 20 g de turrón de Jijona,
20 g de turrón de yema, 4 yemas de huevo, 4 arándanos, 4 grosellas, 4 frambuesas, Menta.
Crumble de mantecado: 80 g de mantecados, 20 g de mantequilla, 20 g de azúcar mascabado, Canela.

PREVIAMENTE. Tenemos que sacar la mantequilla de la nevera unas horas antes para que esté pomada.

LAS NATILLAS. Calentamos la leche en una olla junto con los mantecados desmigados, el turrón de Jijona y el turrón de yema. Lo llevamos a ebullición removiendo con las varillas.

Mientras hierve la leche, batimos las yemas con el azúcar. Retiramos la leche del fuego, la vertemos sobre las yemas y removemos muy bien. Pasamos la crema a un bol, la cubrimos con papel film que toque la crema y la enfriamos en la nevera.

Una vez frías, trituramos las natillas con la batidora y las repartimos en los recipientes de emplatar.

EL CRUMBLE. Mezclamos los mantecados con la mantequilla en pomada, la canela y el azúcar mascabado. Extendemos la mezcla sobre una bandeja con papel de horno y lo horneamos a 180 ºC durante 13 minutos. A mitad de cocción, abrimos el horno, rompemos un poco el crumble con un tenedor y acabamos de cocer.

EL EMPLATADO. Cubrimos la superficie de las natillas con los frutos rojos y el crumble de mantecado. Terminamos de decorar con unas hojas de menta.

EL TOQUE

El azúcar mascabado se obtiene de la caña de azúcar sin refinar. Es un azúcar cristalizado y centrifugado, por lo que cada cristal de azúcar queda cubierto de una capa de melaza que le da el color oscuro y la humedad que lo caracterizan. Esta receta es ideal para aprovechar los restos de turrones y mazapanes.

RISOTTO DULCE

El arroz con leche, que roza la perfección en Asturias,
es un postre internacional cuyo origen se desconoce, mientras que el risotto es la forma más
común de preparar el arroz en el norte de Italia, generalmente en versión salada.

INGREDIENTES 120 g de arroz arborio o carnaroli, 1 l de leche, 160 g de chocolate blanco, 40 g de miel,
25 g de nueces de macadamia, 25 g de bayas de goji, 20 g de mantequilla, 20 g de semillas de anís, 1 rama de canela,
Limón, 1 plátano verde, Canela en polvo, Chocolate negro (al gusto), Aceite de girasol.

EL RISOTTO. Calentamos la leche en un cazo junto con las semillas de anís, la rama de canela y un trozo de piel de limón. Añadimos la miel, removemos bien y llevamos a ebullición.

Derretimos la mantequilla en una cazuela amplia. Añadimos el arroz y removemos bien para cubrir los granos; los nacaramos. Incorporamos un cucharón de leche caliente colada y removemos. Cuando el arroz haya absorbido la leche, añadimos otro cucharón. Seguimos añadiendo la leche poco a poco y removiendo hasta que el arroz la haya absorbido toda. Al cabo de unos dieciocho minutos aproximadamente, estará al dente con una salsa cremosa.

Retiramos del fuego e incorporamos el chocolate blanco, lo removemos bien para que se funda y acabe de ligar el arroz con leche. Añadimos a continuación las nueces de macadamia troceadas, las bayas de goji y unas gotas de zumo de limón, lo mezclamos y dejamos enfriar el arroz en la nevera o en un bol dentro de otro con hielo.

LA GUARNICIÓN. Cortamos el plátano de Canarias, que debe estar aún verde, en rodajas con la piel. Freímos las rodajas de plátano en aceite de girasol hasta que estén doradas y crujientes. Las escurrimos y espolvoreamos con una pizca de canela en polvo.

EL EMPLATADO. Rallamos un poco de chocolate negro encima del arroz con leche y terminamos de decorar con las rodajas de plátano por encima.

EL TOQUE

Las bayas de goji, con un sabor entre arándano
y cereza, junto con las nueces de macadamia aportan
un toque crujiente a este postre tan cremoso.

FLAN DE COCO

El flan es uno de los postres caseros por excelencia.
La simple mezcla de huevo, leche y azúcar se puede combinar con todo tipo de sabores,
desde queso hasta café.

INGREDIENTES

200 ml de leche de coco, 250 ml de dulce de leche, 3 huevos, 50 g de coco rallado, 20 g de tahina, 100 g de azúcar moreno, Limón. **Guarnición:** 10 fresas, Hojas de hierbabuena, Limón.

CARAMELO. Empezamos por el caramelo. Ponemos a calentar el azúcar en un cazo con un par de cucharadas de agua y unas gotas de zumo de limón. No lo tocamos hasta que se haya fundido, entonces removemos y dejamos que se cocine hasta tener un caramelo dorado.

Retiramos el caramelo del fuego y lo distribuimos en las flaneras.

EL FLAN. Ponemos el dulce de leche con la leche de coco y la tahina a calentar en un cazo. Añadimos el coco rallado y dejamos unos minutos para que se hidrate el coco, pero sin que llegue a hervir.

Batimos los huevos y añadimos la mezcla de dulce de leche y coco sin dejar de remover para que no cuajen los huevos. Rellenamos las flaneras con la mezcla y las tapamos con papel de aluminio.

Colocamos los flanes en una fuente y la llenamos con agua hasta la mitad de las flaneras. Ponemos al horno a 170 ºC durante 35 minutos.

LAS FRESAS. Limpiamos y cortamos las fresas en daditos. Las aliñamos con unas gotas de limón y unas hojas de hierbabuena picadas.

EL EMPLATADO. Para desmoldar el flan, pasamos un cuchillo por los bordes de la flanera y lo sacamos con un golpe seco.

Ponemos las fresas de base en el plato, encima el flan y decoramos con unas hojas de hierbabuena.

EL TOQUE

La tahina es conocida por ser uno de los ingredientes principales del hummus, pero esta pasta de sésamo tostado tiene un sabor a frutos secos que combina muy bien con los dulces.

FLAN DE MANDARINA Y ALBAHACA

El origen del flan es una receta romana llamada
tyropatina que se preparaba con huevos, leche y miel.

INGREDIENTES 100 g de azúcar, 125 g de nata,
3 mandarinas, 2 huevos, 1 cucharada de miel, Un manojo de albahaca.
Salsa: 50 g de chocolate blanco, 50 g de nata, Lima.

EL CARAMELO. Fundimos el azúcar con un par de cucharadas de agua en una sartén al fuego. Lo dejamos hasta que tenga un tono dorado, lo retiramos y lo repartimos en las flaneras.

EL FLAN. Exprimimos las mandarinas y medimos 125 ml de zumo para el flan.
Escaldamos las hojas de albahaca en agua hirviendo durante unos segundos y las pasamos a un bol con agua y hielo.
Ponemos la nata en el vaso de la batidora con los huevos, el zumo de mandarina, las hojas de albahaca bien escurridas y la miel y trituramos.
Colamos la mezcla, para retirar las fibras, y la vertemos en las flaneras. Las ponemos en una bandeja para horno

y llenamos con agua caliente hasta la mitad de las flaneras, haciendo un baño maría. Ponemos en el horno a 180 ºC durante 45 minutos.

LA GANACHE. Calentamos la nata en un bol. En otro bol ponemos el chocolate blanco troceado y rallamos la piel de lima o limón. Vertemos la nata hirviendo en el chocolate y mezclamos bien.

EL EMPLATADO. Desmoldamos el flan pasando un cuchillo por los bordes y dando un golpe seco para que se desprenda.
Ponemos la ganache tibia en la base del plato y el flan encima.

EL TOQUE

La albahaca, como la tahina, se asocia a los platos salados, pero su toque cítrico combina muy bien con postres de frutas. En este caso la usamos para un flan fresco y de color ligeramente verde.

LIONESAS
CON CREMA DE BONIATO

Las lionesas comparten masa con los buñuelos,
pero son mucho más ligeras ya que se hornean. Se pueden rellenar de cualquier tipo
de dulce, aunque nata, crema pastelera y trufa sean los rellenos más populares.

INGREDIENTES 100 g de harina, 80 g de leche, 1,5 huevos, 50 g de mantequilla,
½ vaina de vainilla, 1 cucharada de azúcar, Sal. **Relleno:** 1 boniato grande,
100 g de leche condensada, 60 g de leche evaporada, 60 g de leche entera, 1 naranja, Licor de naranja.
Salsa de chocolate: 200 g de chocolate negro, 100 ml de agua, 25 g de mantequilla.

PREVIAMENTE. Asamos un boniato entero al horno a 180 ºC durante 45 minutos o hasta que esté cocido.

LA MASA. Abrimos la vainilla y sacamos las semillas raspando con un cuchillo. En un cazo, calentamos la leche con la mantequilla, las semillas de vainilla y una pizca de sal. Cuando empiece a hervir, añadimos toda la harina de golpe y mezclamos enérgicamente con una cuchara de madera hasta que quede una masa lisa que se desprenda de las paredes del cazo.
Fuera del fuego, añadimos los huevos a la masa y los integramos uno a uno mezclando con una cuchara de madera. Para poner medio huevo, batimos un huevo entero y agregamos solo la mitad.
Ponemos la masa en una manga pastelera y vamos haciendo montoncitos pequeños de masa choux en una bandeja con papel de horno.
Horneamos las lionesas a 210 ºC durante unos diez minutos, hasta que estén doradas.

EL RELLENO. Pelamos el boniato asado, lo cortamos y lo ponemos en el vaso de la batidora junto con las tres leches: condensada, evaporada y entera. Agregamos un chorrito de licor de naranja y trituramos. Rallamos un poco de piel de naranja en la crema y lo mezclamos bien. Reservamos en una manga pastelera.

LA SALSA DE CHOCOLATE. Calentamos el agua con la mantequilla en un cazo. Cuando hierva, retiramos del fuego y añadimos el chocolate negro troceado. Mezclamos bien con unas varillas hasta que se funda el chocolate y tengamos una salsa brillante.

EL EMPLATADO. Cortamos las lionesas por la mitad y las rellenamos con la crema de boniato.
Ponemos la salsa de chocolate de base en un plato y repartimos las lionesas rellenas por encima.

EL TOQUE

Tenemos tres recetas en una: unas lionesas clásicas, una crema de boniato que nos puede servir para otros postres y una salsa de chocolate muy fácil y versátil para acompañar todo tipo de frutas y dulces.

RACIONES

6

TIEMPO

15 minutos
de elaboración,

1 hora 30 minutos
de fermentación

BUÑUELOS CON CREMA DE HORCHATA

Los buñuelos: dulces, salados, de viento, de calabaza, en Cuaresma, Semana Santa o Todos los Santos.
El dulce frito por antonomasia se hace en toda España y para todas las ocasiones.

INGREDIENTES 500 g de harina, 190 ml de leche, 125 ml de aceite de girasol,
110 g de azúcar, 25 g de levadura fresca, 1 huevo, Limón, Licor de anís, Azúcar glas, Aceite suave para freír.
Crema de horchata: 500 ml de horchata, 4 yemas de huevo, 50 g de turrón de Jijona,
20 g de harina refinada de maíz.

LA MASA. Diluimos la levadura fresca con un poco de leche mezclando con un tenedor. En un bol, ponemos el resto de la leche con el azúcar, el huevo, ralladura de limón, la levadura diluida y el aceite de girasol. Lo mezclamos bien y vamos incorporando la harina poco a poco, batiendo hasta tener una masa homogénea.
Tapamos el bol con papel film y dejamos fermentar la masa a temperatura ambiente durante 1 hora.
Formamos bolas cogiendo porciones de la masa fermentada con una cuchara y dándoles forma con las manos. Las colocamos en una bandeja, un poco separadas entre ellas, las tapamos con un paño y las dejamos reposar durante 30 minutos.

LA CREMA. Diluimos la harina refinada de maíz con un poco de horchata. Ponemos el resto de la horchata a calentar en un cazo al fuego.
Batimos las yemas de huevo con la harina refinada de maíz diluida.

Cuando la horchata hierva, la incorporamos a las yemas sin parar de remover. Agregamos el turrón bien picado y lo mezclamos bien. Volvemos a poner esta mezcla en el cazo al fuego y removemos hasta que espese. Retiramos del fuego, ponemos la crema en un bol o recipiente y la tapamos con papel film en contacto directo. La dejamos enfriar.

LOS BUÑUELOS. Freímos los buñuelos en abundante aceite de oliva suave hasta que estén bien dorados. Los retiramos y, en seguida, los pulverizamos con el licor de anís. Los dejamos escurrir encima de papel absorbente. Ponemos la crema en una manga pastelera y los rellenamos metiendo la boquilla de la manga dentro del buñuelo.

EL EMPLATADO. Ponemos los buñuelos en un plato y los espolvoreamos con azúcar glas.

EL TOQUE

La chufa es un tubérculo cultivado en la Horta de Valencia, pero también en el Sahel. Con ella se elabora la horchata, una bebida vegetal rica en hierro, que puede usarse en lugar de la leche para cremas y otros postres.

RACIONES

2

TIEMPO

20 minutos
de preparación

1 hora
de reposo

TARTA DE CHOCOLATE Y NARANJA

La de chocolate es la reina de las tartas, tanto para pequeños como para mayores.
Una tentación dulce que apetece sobre todo en celebraciones especiales.

INGREDIENTES 5 claras de huevo, 2 yemas de huevo, 100 g de chocolate de cobertura,
30 g de mantequilla, 25 g de harina de almendra, 42 g de azúcar, Jengibre (al gusto), 1 naranja,
Tiras de naranja confitada, Polvo de oro o azúcar glas. **Cremoso de chocolate:** 200 g de nata, 200 g de leche,
420 g de chocolate negro de cobertura, Ralladura de naranja y limón.

LA GANACHE. Calentamos la nata en un cazo con un poco de ralladura de limón y de naranja. Cuando hierva, la retiramos del fuego y la vertemos encima del chocolate negro troceado. Mezclamos bien hasta que el chocolate esté bien fundido. Lo tapamos y dejamos enfriar en la nevera.

EL BIZCOCHO. Montamos las claras con el azúcar a punto de nieve. Sabemos que están bien montadas cuando, girando el bol, no se caen.

Fundimos el chocolate troceado con la mantequilla al baño maría, es decir en un bol sobre una olla con agua casi hirviendo.

Cuando el chocolate se haya fundido, lo retiramos del baño maría y le añadimos el azúcar glas, la harina de almendra y un poco de jengibre rallado. Mezclamos bien y dejamos enfriar un poco.

Agregamos las yemas de huevo a la mezcla de chocolate, las integramos e incorporamos las claras montadas poco a poco, mezclándolas con el chocolate con movimientos envolventes.

Extendemos la masa en una bandeja plana con papel sulfurizado para hacer una placa fina de bizcocho y la horneamos a 180 ºC durante 10 minutos. Después dejamos enfriar el bizcocho antes de emplatar.

EMPLATADO. Pelamos y sacamos los gajos limpios de la naranja. Cortamos un círculo de bizcocho y lo ponemos en el plato. Encima repartimos tres quenelles de ganache de chocolate, los gajos de naranja, la naranja confitada cortada en tiras finas y terminamos espolvoreando con un poco de polvo de oro o azúcar glas.

EL TOQUE

La harina de almendra, o almendra triturada, es una buena alternativa a la harina de trigo en algunos postres e incluso bizcochos. Además, el sabor a frutos secos combina perfectamente con el cacao y el cítrico de la naranja.

PASTEL DE QUESO CON TOFE DE CHOCOLATE

Hay dos grandes tipos de pastel de queso: con cocción y en frío.
En todos los casos, suele acompañarse de fruta seca o en compota, como pasas o frutos rojos.

INGREDIENTES 300 g de queso cottage, 300 ml de nata, 80 g de miel,
4,5 hojas de gelatina, 1 vaina de vainilla, 100 g de avellanas, 30 g de mantequilla, 25 g de azúcar glas.
Salsa tofe: 200 ml de nata para montar, 170 g de azúcar, 20 g de chocolate negro.

PREVIAMENTE. Ponemos a hidratar las hojas de gelatina en agua muy fría unos minutos antes de empezar a cocinar.

LA BASE. Fundimos la mantequilla en un cazo al fuego. Por otro lado, trituramos las avellanas tostadas con un robot o picadora hasta obtener un polvo granulado. Mezclamos las avellanas trituradas con el azúcar glas primero y con la mantequilla fundida después.
Extendemos esta masa en la base de un molde rectangular, tipo plum cake. La aplanamos bien con una cuchara y enfriamos en la nevera mientras preparamos el resto de la receta.

EL PASTEL DE QUESO. Abrimos la vaina de vainilla por la mitad a lo largo y retiramos las semillas rascando con el reverso del cuchillo.
Ponemos a calentar la nata con la miel y las semillas de vainilla. Cuando esté a punto de hervir la retiramos del fuego y añadimos las hojas de gelatina escurridas y el queso cottage, que también

podría ser un queso tipo quark o un queso fresco y cremoso. Mezclamos bien el queso con la nata, dejamos enfriar un poco y vertemos la mezcla de queso en el molde que teníamos con la base de avellana.
Volvemos a poner en la nevera durante cuatro o cinco horas hasta que se enfríe del todo y cuaje.

EL TOFE. Calentamos la nata con el chocolate en un cazo hasta que se funda.
Ponemos el azúcar a fundir en una sartén con unas gotas de agua. Cuando tengamos un caramelo dorado, retiramos y, con mucho cuidado para que no salpique, incorporamos la nata con chocolate al caramelo y mezclamos. Le damos un hervor para integrar bien la salsa y la dejamos enfriar a temperatura ambiente o bien con un baño maría de hielo.

EL EMPLATADO. Repartimos una capa fina de tofe por encima del pastel de queso. Desmoldamos y servimos con unas hojas de menta para decorar.

EL TOQUE

El tofe es una salsa de caramelo con nata
o mantequilla, pero el chocolate le aporta un punto
amargo e intenso, diferente de la típica salsa de
frutos rojos que acompaña los pasteles de queso.
Una opción sana para sustituir la tradicional base de
galleta son los frutos secos como la avellana tostada.

RACIONES

2

TIEMPO

15 minutos
de preparación

4 horas
de reposo

TIRAMISÚ DE LIMÓN

Dice la leyenda que el nombre de este postre
proviene del italiano *tirami sù*, que significa «levántame». Lo cierto es que la combinación
original de bizcocho con café, queso, azúcar y cacao levanta el ánimo.

INGREDIENTES 1 placa de sobao pasiego, 300 g de queso mascarpone, 300 ml de nata,
80 g de miel, 6 yemas de huevo, 40 ml de zumo de limón, 3 hojas de gelatina, Ralladura de limón, Menta.
Almíbar: 150 ml de agua, 100 g de azúcar, 50 ml de zumo de limón, 10 ml de pippermint, 10 ml de limoncello.

PREVIAMENTE. Ponemos las hojas de gelatina a hidratar en agua muy fría durante unos minutos.

EL ALMÍBAR. Ponemos el agua a calentar en un cazo con la miel, el zumo de limón, el limoncello y el pippermint. Lo dejamos hervir unos minutos y retiramos del fuego.

LA CREMA. Calentamos un poco de nata en un cazo y diluimos la gelatina escurrida con ella. Montamos el resto de la nata bien fría.
Batimos las yemas con la miel usando unas varillas eléctricas hasta que doblen el volumen y estén blanquecinas.
Mezclamos el queso mascarpone con la gelatina diluida en la nata y después con la nata montada que incorporamos con movimientos envolventes. Finalmente añadimos las yemas con la miel y mezclamos con cuidado. Dejamos enfriar en la nevera durante unas cuatro horas dentro de una manga hasta que coja consistencia.

EL TIRAMISÚ. Cortamos tres círculos de la placa de sobao o bizcocho. Ponemos uno en un plato y lo empapamos con el almíbar de limón y menta. Encima ponemos rosetones de crema de mascarpone. Ponemos otro círculo de bizcocho encima y repetimos el proceso hasta terminar con la crema de mascarpone.

EL EMPLATADO. Decoramos el tiramisú con unas hojas de menta y ralladura de limón.

EL TOQUE

El almíbar cítrico aligera este postre que
se puede preparar con bizcochos de soletilla,
sobao o el bizcocho que prefiráis.

TORRIJAS DE VERMUT

Las primeras torrijas se preparaban para las mujeres que habían dado a luz,
para su recuperación. Después pasó a ser el postre estrella de Semana Santa.

INGREDIENTES 1 pan de brioche, 300 ml de vermut, 150 ml de zumo de naranja, 60 g de azúcar mascabado,
1 naranja sanguina, 2 huevos, 1 cucharada de mantequilla, Aceite de girasol, Helado de vainilla.

LA TORRIJA. Ponemos el vermut y el zumo de naranja en un cazo con cuatro cucharadas de azúcar mascabado y un poco de piel de la naranja. Lo dejamos hervir unos minutos para que se funda bien el azúcar.
Cortamos lingotes del pan de brioche. Retiramos el vermut del fuego y mojamos estos lingotes en el vermut por las cuatro caras para que se empapen bien.
El vermut que sobre lo volvemos a poner a fuego fuerte para que reduzca hasta tener una salsa espesa. Cuando ya esté reducida, la terminamos de ligar con una cucharada de mantequilla.
Batimos los huevos y pasamos la torrija por el huevo batido. Calentamos una sartén con un poco de aceite de girasol. Doramos la torrija por todas las caras.

LA GUARNICIÓN. Mezclamos el resto del azúcar mascabado con la ralladura de la piel de naranja.
Pelamos y sacamos los gajos de la naranja limpios.

EL EMPLATADO. Ponemos la torrija bien dorada en un plato. La cubrimos con el azúcar con naranja y lo quemamos con una pala caliente o con soplete hasta que se caramelice.
Salseamos por encima con el vermut reducido y acompañamos con los gajos de naranja y una bola de helado de vainilla.

EL TOQUE

El vermut, que viene del alemán Wermut,
es un vino macerado con especias, hierbas
y absenta que puede llegar a contener hasta cuarenta
ingredientes diferentes. Combinado con naranja da un
toque diferente a la torrija de vino tradicional.

MIGAS DULCES

Las migas de pastor es un plato popular en el que se aprovecha el pan duro,
igual que en los gazpachos o en las torrijas. Los pastores las preparaban en
el campo con alimentos fáciles de transportar, de ahí su nombre.

INGREDIENTES 150 g de brioche, 20 g de bayas de goji, 35 g de naranja confitada, 30 g de mantequilla,
1 cucharada de azúcar moreno, Helado de macadamia, Hierbabuena. Morcilla dulce: 200 g de harina de almendra,
20 g de harina de malta, 200 g de azúcar glas, 1,5 claras de huevo, 2 cucharadas de arroz inflado.

LA MORCILLA DULCE. En un bol ponemos el azúcar glas con la harina de almendra, la harina de malta, las claras de huevo y mezclamos con un tenedor. Añadimos también el arroz inflado y amasamos con las manos hasta tener una masa homogénea.
Ponemos la mezcla encima de papel film y lo enrollamos formando un cilindro, como si fuera una morcilla. Lo cerramos bien y guardamos en la nevera hasta el final de la receta.

LAS MIGAS. Desmigamos el brioche y cortamos la naranja confitada en daditos.

Fundimos la mantequilla en una sartén, añadimos las migas de brioche y una pizca de azúcar moreno. Doramos bien las migas hasta que estén crujientes y doradas. Añadimos las bayas de goji y la naranja confitada a las migas y seguimos dorando unos minutos.

EL EMPLATADO. Cortamos la morcilla dulce en rodajas gruesas y las doramos en una sartén con unas gotas de aceite por las dos caras.
Servimos las migas con las rodajas de morcilla dulce por encima, una bola de helado de macadamia y unas hojas de hierbabuena.

EL TOQUE

La harina de malta se obtiene de la cebada que
se hace germinar para después secar, tostar y moler.
Tiene un sabor intenso y un color muy oscuro que
nos permite hacer un mazapán negro que bien parece
una morcilla dulce.

ROSQUILLAS DE VINO

Además del turrón, los mantecados y los mazapanes,
en Navidad no pueden faltar los roscos de vino. Su preparación
se parece a los mantecados, aunque son menos arenosos.

INGREDIENTES 300 g de harina de trigo, 100 g de manteca de cerdo,
120 g de vino tinto, 40 g de sésamo tostado, 70 g de azúcar glas, 50 g de naranja confitada,
1 cucharadita de licor de anís, Canela, Azúcar glas (para espolvorear).

PREVIAMENTE. Tostamos la harina de trigo en una sartén sin nada de grasa, moviendo muy a menudo hasta que cambie de color, más o menos unos quince minutos. Después la dejamos enfriar.

LAS ROSQUILLAS. En un bol ponemos la harina tostada con el licor de anís, el vino tinto, el azúcar glas, el sésamo tostado, la manteca a temperatura ambiente y la naranja confitada cortada en daditos. Lo mezclamos bien, primero con una cuchara y después amasando con las manos hasta tener una masa homogénea.

Estiramos la masa encima de un papel sulfurizado y la aplanamos con un rodillo hasta que tenga entre centímetro y medio y dos centímetros de grosor. Cortamos discos con un aro y hacemos un agujero en el centro con otro cortapastas. Volvemos a estirar la masa que sobre para formar más rosquillas.
Colocamos las rosquillas en una bandeja de horno sobre papel sulfurizado y las horneamos a 180 ºC durante 14 minutos.

EL EMPLATADO. Mezclamos azúcar glas con canela y espolvoreamos las rosquillas frías con esta mezcla.

EL TOQUE

La naranja confitada se puede comprar hecha
o bien prepararla en casa cortando la naranja en
cuartos y cociéndola en un almíbar durante media
hora, hasta que esté bien tierna. Aporta dulzor
y un ligero toque amargo a los roscos que
marca la diferencia.

ROSCÓN DE HOJALDRE

El roscón es obligación en el día de Reyes, la última celebración de las Navidades.
Pero su origen no es religioso sino pagano, relacionado con el fin
de los trabajos en el campo, y se remonta al siglo II a. de C.

INGREDIENTES 2 láminas de hojaldre, 1 huevo, Azúcar glas.
Crema de mazapán: 500 ml de leche, 4 yemas de huevo, 200 g de figuras de mazapán,
35 g de harina refinada de maíz, 20 ml de amaretto. Extra: Haba y rey.

LA CREMA. Trituramos las figuras de mazapán con la leche en el vaso de la batidora.

Batimos las yemas de huevo con la harina refinada de maíz. Añadimos la leche con el mazapán y el amaretto y mezclamos bien. Colamos la mezcla y la ponemos al fuego, sin dejar de remover, hasta que espese. Pasamos a un bol y tapamos con film en contacto.

EL HOJALDRE. Cortamos círculos de hojaldre de unos cinco o seis centímetros de diámetro. Necesitaremos unos treinta círculos en total.

En una bandeja de horno con papel sulfurizado, ponemos un bol o un vaso en el centro que nos servirá de guía. Ponemos los círculos de hojaldre alrededor, ligeramente superpuestos entre ellos, como si fuera una flor.

Batimos el huevo y pintamos el hojaldre. Encima ponemos una segunda capa de círculos de hojaldre para que tenga el doble de volumen. Retiramos el objeto del centro, volvemos a pintar el hojaldre con huevo y horneamos a 180 ºC durante 20 minutos.

EL ROSCÓN. Cortamos el hojaldre por la mitad. Ponemos la crema en una manga pastelera y hacemos rosetones encima de la base de hojaldre. Escondemos la figurita del rey y el haba entre la crema y cubrimos con la parte superior de hojaldre.

EL EMPLATADO. Servimos el roscón espolvoreado con azúcar glas.

EL TOQUE

La gran mayoría de los dulces navideños acaban sobrando, pero los podemos aprovechar para cremas, natillas, flanes y púdines. Como esta crema que preparamos con figuritas de mazapán, pero que podría hacerse con turrón o mantecados.

RACIONES
4

TIEMPO

15 minutos
de preparación,

5 horas
de congelador

HELADO CASERO DE GALLETAS MARÍA

Los primeros helados se preparaban con nieve, miel y frutas años antes del nacimiento de Cristo. Desde entonces han evolucionado hasta los actuales de leche, cremosos, que generalmente se compran ya hechos.

INGREDIENTES 200 ml de nata para montar, 100 ml de leche evaporada, 100 g de azúcar moreno, 4 claras de huevo, 12 galletas maría, 1 cucharadita de canela, Sal, 4 tulipas de galleta, Hierbabuena.

EL HELADO. Ponemos las galletas en una bolsa zip, las golpeamos con un rodillo y lo pasamos por encima hasta que estén bien trituradas.

Ponemos las galletas en un bol y las mezclamos con la leche evaporada y la canela.

Batimos por un lado las claras de huevo con el azúcar moreno y una pizca de sal y las montamos a punto de nieve, es decir, hasta que estén tan firmes que se aguanten en el bol si lo giramos.

Por otro lado, montamos la nata muy fría.

Mezclamos la nata montada con las claras con movimientos envolventes, incorporamos la galleta y la integramos con cuidado.

Pasamos la mezcla a un recipiente y lo metemos en el congelador durante 1 hora. Lo sacamos y lo batimos bien, volvemos a poner en el congelador y repetimos este proceso 5 veces hasta que esté bien congelado y cremoso.

EL EMPLATADO. Servimos las bolas de helado en una tulipa de galleta y decoramos con unas hojas de hierbabuena.

EL TOQUE

La grasa, el azúcar, el alcohol y las gelatinas son los elementos que evitan que se formen cristales en los helados caseros. Además, montar las claras y la nata incorpora aire, el cual también ayuda a que quede más cremoso.

CALDOS

CALDO DE VERDURAS

El caldo de verduras es el más ligero y sutil
de todos, perfecto para enriquecer guisos de verduras, legumbres,
arroces y otras recetas vegetarianas.

INGREDIENTES 4 zanahorias, 2 cebollas, 2 puerros, 1 chirivía, 2 nabos, ½ apio nabo o apio,
½ hinojo, 1 hoja de laurel, 1 anís estrellado, Pimienta negra en grano.

LAS VERDURAS. Lavamos y cortamos todas las verduras en trozos grandes. Además de verduras enteras, también podemos aprovechar pieles y recortes de otras verduras que nos hayan sobrado. Estos recortes incluso pueden estar congelados.

EL CALDO. Colocamos las verduras, el laurel, unos granos de pimienta y el anís estrellado en una olla y añadimos agua sin llegar a cubrir del todo. Con la cocción, las verduras van a soltar parte de su líquido, de tal manera que se completará el caldo.

Ponemos la olla al fuego y, cuando empiece a hervir, bajamos el fuego al mínimo y dejamos cocinar durante 30 minutos.

Apagamos el fuego, tapamos la olla y dejamos reposar 10 minutos más.

EL TOQUE

El anís estrellado da un toque distinto
a los caldos vegetales. Su aroma y sabor
es más intenso que el anís común, por eso
con uno es suficiente.

CALDO DE PESCADO

El caldo de pescado también se conoce como fumet
y es la base para multitud de arroces y guisos marineros.

INGREDIENTES 2 kg de pescado de morralla, galeras y cangrejos, 1 cebolla, 1 zanahoria, 1 puerro , ¼ de apio nabo o apio, ¼ de hinojo, 1 hoja de laurel, Pimienta negra en grano, Aceite de oliva.

LOS PESCADOS. Calentamos un poco de aceite en una olla y salteamos los cangrejos enteros. Cuando cambien de color, añadimos las galeras y dejamos que se doren bien.

EL FUMET. Añadimos a la olla el pescado de morralla y las verduras limpias y cortadas en trozos grandes.

Removemos el conjunto y agregamos 2 litros de agua. Cuando hierva, bajamos el fuego al mínimo y dejamos cocinar muy lentamente durante 20 minutos. Después apagamos el fuego, tapamos la olla y dejamos reposar el caldo durante 10 minutos más.

EL TOQUE

Nuestro fumet preferido se prepara con galera, cangrejo y cintas, pero el caldo de pescado se puede hacer con todo tipo de pescado de morralla o de roca. También se pueden aprovechar las cabezas y espinas de diferentes pescados y mariscos para preparar un buen caldo de pescado.

CALDO DE AVE

El caldo de ave es el más versátil de todos,
ya que tanto nos puede servir para enriquecer un guiso
como para preparar una sopa deliciosa.

INGREDIENTES 4 carcasas de pollo, ½ gallina, 1 pie de cerdo, 2 huesos de jamón, 2 zanahorias, 1 cebolla,
1 puerro, 1 trozo de apio nabo o apio, ½ cabeza de ajos.

BLANQUEAR LAS CARNES. Echamos todas las carnes en una olla y las cubrimos de agua. Ponemos la olla al fuego y cuando rompa el hervor retiramos y escurrimos las carnes.

EL CALDO. Echamos las carnes blanqueadas en una olla limpia junto con las verduras limpias y enteras. Añadimos agua fría hasta casi cubrir los ingredientes y ponemos al fuego. Cuando hierva, bajamos el fuego al mínimo y dejamos cocinar lentamente durante 6 horas sin tapar.

EL TOQUE

Ponemos pie de cerdo en el caldo de ave, que le aporta cuerpo gracias a la gelatina. Cuando reducimos este caldo para preparar una salsa, queda ligada y untuosa.

CALDO
DE COCIDO

La combinación de carnes y verduras del cocido produce un caldo intenso y consistente. El caldo de cocido es ideal como ingrediente de arroces de montaña, sopas y estofados.

INGREDIENTES 2 costillas de cerdo, 100 g de papada de cerdo, ½ costilla de ternera, 2 carcasas de pollo, ¼ de gallina, 1 pie de cerdo, 1 hueso de jamón, 2 zanahorias, 1 cebolla, 1 puerro, 1 trozo de apio nabo o apio, ½ bulbo de hinojo, ½ cabeza de ajos.

BLANQUEAR LAS CARNES. Echamos todas las carnes en una olla y las cubrimos de agua. Ponemos la olla al fuego y cuando rompa el hervor retiramos y escurrimos las carnes.

EL CALDO. Echamos las carnes blanqueadas en una olla limpia junto con las verduras limpias y enteras.

Añadimos agua fría hasta casi cubrir los ingredientes y ponemos al fuego. Cuando hierva, bajamos el fuego al mínimo y dejamos cocinar lentamente durante 8 horas sin tapar.
Si durante este tiempo evapora demasiado líquido, podemos compensarlo añadiendo un poco más de agua caliente a la olla.

EL TOQUE

En nuestros caldos, ponemos el agua justa para no llegar a cubrir los ingredientes. De esta forma extraemos un caldo más concentrado y sabroso.

CALDO DE JAMÓN

Un buen caldo de jamón es el mejor potenciador de sabor para muchas recetas. Además, si lo reducimos con un poco de nata obtendremos una salsa espesa y untuosa con todo el sabor del jamón.

INGREDIENTES 1 kg de huesos de jamón, 1 pie de cerdo, 2 zanahorias, 1 cebolla, 1 puerro, 1 cabeza de ajos, 1 hoja de laurel.

BLANQUEAR LOS HUESOS. Echamos los huesos de jamón troceados y el pie de cerdo en la olla y los cubrimos de agua. Ponemos la olla al fuego y cuando rompa el hervor retiramos y escurrimos.

EL CALDO. Echamos los huesos de jamón, el pie de cerdo, las verduras limpias y enteras, la cabeza de ajos entera y la hoja de laurel en una olla y los cubrimos con agua fría. Ponemos la olla al fuego; cuando empiece a hervir, bajamos el fuego al mínimo y dejamos cocinar lentamente entre tres y cuatro horas.

EL TOQUE

Solo con huesos de jamón y pie de cerdo ya obtenemos un caldo con todo el sabor intenso del jamón y la untuosidad que le da la gelatina del pie de cerdo.

TRUCOS PARA UN CALDO PERFECTO

En todos los casos hay unos pasos y trucos que debemos tener en cuenta para obtener un caldo claro, brillante y sabroso.

DESESPUMAR Y DESENGRASAR. Hay que ir retirando la capa de espuma y grasa que se forma en la superficie del caldo. Esto hay que hacerlo a conciencia y muy a menudo, sobre todo al principio de la cocción. Para quitarla usamos un cucharón con el que recogemos con suavidad la grasa y la espuma superficial.

EL AGUA. Es importante no poner demasiada agua en el caldo para que quede más sabroso. En el caso del fumet, ponemos un litro por cada kilo de pescado. En los otros casos, usamos el agua necesaria sin que llegue a cubrir del todo los ingredientes.

EL COLADOR. Los caldos hay que colarlos muy bien para que queden brillantes y transparentes. La mejor opción es usar una estameña que es un colador de tela muy fina. Como alternativa, podemos usar un colador muy fino o bien un trapo de algodón fino.

LA CONSERVACIÓN. Si preparamos más caldo del que necesitamos, lo podemos congelar en recipientes adecuados. Si lo congelamos en cubiteras, podremos retirar la cantidad justa que necesitemos en cada ocasión.

PERSONALIZA TU CALDO. Si infusionamos un caldo de pescado con unas cabezas de gambas obtenemos un caldo rápido de marisco. Lo mismo ocurre con un caldo de verduras que podemos infusionar con hierbas aromáticas o con recortes de setas. También podemos tener un caldo de jamón rápido infusionando un caldo de ave o de cocido con huesos de jamón.
Todos los caldos pueden servir como base para obtener otros caldos más apropiados para cada receta.

AGRADECIMIENTOS

Torres en la cocina es posible gracias a dos grandes familias: la de los espectadores que nos siguen día a día y la de todo el equipazo que hace que el programa salga adelante. Esto no podría ser sin las dos partes. A todos ellos, mil gracias.

Queremos agradecer también el apoyo y la confianza de RTVE y Lavinia, así como el trabajo de todo el equipo de Penguin Random House y de Jordi Play, cuyo resultado es este fantástico libro que tenéis en las manos.

Y, por supuesto, un agradecimiento infinito a nuestras familias, así como a las personas que nos ayudan dentro y fuera de las cocinas: Gonzalo, Albert y Dani.